耶穌對西門彼得說：「你年少的時候，自己束上帶子，隨意往來，但年老的時候，你要伸出手來，別人要把你束上，帶你到不願意去的地方。」

（約二十一18）

建立生命的職事

Creative Ministry

盧　雲　著
黃偉明／吳秋媚譯

▼

靈修著作精選 • 盧雲系列

建立生命的職事

Creative Ministry

作者
盧雲 Henri J. M. Nouwen

譯者
吳秋媚、黃偉明

責任編輯
伍美詩

美術指導
蔡桂球

裝幀設計
黃建業

■

出版／發行
基道出版社
香港沙田火炭坳背灣街 26 號富騰工業中心 1011 室
LOGOS PUBLISHERS
Unit 1011, Fo Tan Ind. Centre, 26 Au Pui Wan St., Shatin, Hong Kong
電話：(852) 2687-0331 傳真：(852) 2687-0281
網址：http://www.logos.com.hk

承印
藍馬柯式印務有限公司

●

11/1996 初版 5/1998 二版 1/2001 三版 8/2004 四版
Cat. No. LP731-4
ISBN-10: 962-457-115-5
ISBN-13: 978-962-457-115-8
Original Edition " Creative Ministry"
Published by Doubleday, U.S.A.

This translation published by arrangement with Doubleday Religion,
an imprint of the Crown Publishing Group, a division of Random House LLC

Printed in Hong Kong

承蒙原出版社允許使用原出版社插圖，
取自 Meinard Craighead 於 Liturgical Art (Sheed & Ward, 1988) 作品。

刷次	11	10	9	8	7	6	5			
年份	2027	2026	2025	2024	2023	2022	2021	2020	2019	2018

鳴謝

若沒有聖母院大學(University of Notre Dame)暑期班同學的啟發，這本書不可能面世。他們不但熱誠地鼓勵我在那酷熱的六個星期裏埋首寫作，更使我體會到，原來討論屬靈生命這課題時，大可以加點幽默感。此外，要是沒有芝加哥教牧們坦誠直接的意見，此書也不可能完成，他們使我重新思想部分課題及重寫部分篇章。

我也很感謝「蒙利羣體」(Moreau Community)各成員的款待，他們不但爲我預備一間寧靜的房間，更在我文思呆滯時給予友情的支持。我更感激路易斯・普滋(Louis Putz)，他使我感到賓至如歸；吉姆・巴克利(Jim Buckley)則給我耐心的協助；還有鮑勃・安托內利(Bob Antonelli)，他對本書的關切，促使我如期交稿。

我也想對以下人士表達深切謝意：查爾斯・希德(Charles Sheedy)和吉姆・包卓(Jim Burtchaell)邀

請我授課；傑克·伊根(Jack Egan)和唐·麥克尼爾(Don McNeill)對原稿修訂提出不少寶貴建議，還有貝蒂·巴特爾梅(Betty Bartelme)在稿件付印前提供協助。

我還得感謝麗塔·戈告斯奇(Rita Gorkowski)和卡羅琳·多爾斯加(Carolyn Dalsgaard)花了無數小時一次又一次的替原稿打字，也感謝傑夫·索博山(Jeff Sobosan)慷慨相助，擱置了自己的寫作來糾正拙文中句子彆扭之處。

我還得感謝聖母院大學教牧神學課程的贊助者「弗蘭克·J·劉易斯基金」(Frank J. Lewis Foundation)在財政上襄助此書的出版。

謹以此書獻予我的老師兼朋友蘇厄德·希特勒(Seward Hiltner)，他指引我走進教牧神學的殿堂；也獻予他的妻子海倫(Helen)及女兒安(Anne)，她們付出友誼及信任使我獲益良多；亦獻予他的兒子詹姆斯·蘇厄德(James Seward)，他使我明白到生命的長度遠不及其深度和眞誠重要。

目錄

鳴謝 /v

前言
超越「專業主義」 /1

第一章
超越知識的傳遞 教導 /11

第二章
超越故事的覆述 傳道 /31

第三章
超越老練的回應 牧養 /53

第四章
超越架構的調控 策劃 /81

第五章
超越保護作用的禮儀 慶祝 /107

結論 /129

後語 /139

前言

超越「專業主義」

超越「專業主義」

本書主要探討屬靈生命與專業主義在教牧事奉中的關係。由於所經歷的事件使我對此興趣漸濃，我想以其中一件事例作起點，點出全書的主題。

去年某天，在我所屬的教牧小組會議中，一位教區牧者覆述他到醫院探訪一位已婚女士的經過。她年紀不過二十六歲，卻患上了致命的淋巴肉芽腫症(Hodgkins disease)。那位牧者非常敏銳，他清楚知道這位少婦不可能離開醫院，大概也捱不過明年。他把探訪報告帶來的目的，是想徵詢其他教牧人員的意見，他在未來數月中，可以怎樣眞正幫助那會友。

他形容那位少婦樂觀、開朗、富幽默感，且精力充沛。他盡力回想，逐字不漏地記下二人的對話。在總結時，他坦白承認在探訪過程中，一直極度緊張；離開病房時，更感到不安與不甘。

我們仔細分析這位牧者與患病會友的對話時，感到這次探訪仿似一場漫長而痛苦的掙扎，他們竭力逃避現實，就是這位可愛的少婦即將離世。他們談天說地，談到護士、食物、痛楚，怎麼可以入睡，甚至不斷談到少婦回家後如何生活。明顯地那牧者並不知道自己正在逃避眞正的問題，但反覆閱讀自己的報告後，他開始明白究竟發生了甚麼事情。在與同工討論的過程中，他曉得要是他懂得多些面對垂危病人的教牧輔導技巧，或許他可以給她多點幫助。

突然，其中一位組員出人意表地問那牧者：「我……在想，你可體察到，事實上**你**也要面對死亡，或許不是一年內的事，但也總在不久的將來。」所有關於教牧輔導技巧的討論戛然而止，隨之是漫長的沈默。然後，那牧者說：「或許不……或許我比我的會友更懼怕談及死亡，或許我不想她提醒我，我也有一死。」

這反應使我們「專業」討論的重心，出現戲劇化的轉移，使我們更警覺到要眞正牧養垂危的病人，牧者必須先能夠面對自身的死亡，又能夠以基督徒的角度，面對這無可否認的現實。片刻間，我們便發覺事奉與牧者自身的屬靈生命息息相關。

以上不過是芸芸例子之一，使我不禁懷疑，要是事奉中屬靈帶領與專業訓練未能緊密結合，甚至出現割裂的話，長遠來說，這割裂將對那些願意服事肢體的弟兄姊妹，在日常生活中的這兩方面造成傷害。

或許我們可以說，無數基督徒牧者的生命中，充滿挫折、苦楚、失望，其中一個主要原因，是由於專業訓練與屬靈生命的割裂，而這割裂還在繼續滋長。然而，回顧過去十年的神學教育發展，這割裂是可以理解的。

首先，不少神學院已揚棄屬靈操練的常規，而這操練是委身事主的神學生日常生活的重要一環。過去院方會以長時間的默想、誦念長篇禱文、恆常的敬拜聚會等來操練學生，視之爲達到他們理所當然要過的聖潔生活的基本條件。他們接受的教導是，只有透過這種禱告生活，才可以保守自己，脫離世界的兇惡。歷世歷代事奉上帝的人，便是以此作爲他們忙碌生活的支柱。不能持守這種生活的牧者，長遠來說註定是失敗的。然而，隨著時間流逝，牧者的生活也出現了嶄新的發展，每天長時間的敬虔操練，似乎與牧養中的日常關注點愈來愈難扯上關係。牧者開始覺得，禱告愈來愈似避難所，讓他們奔向安穩的內在世界，用以迴避緊急的社會事件對基督徒良知的挑戰，並對參與創新行動的呼聲充耳不聞。他們會說：「我們不要閉上眼睛，沈醉於對上帝及祂那奧祕的感恩默想中。我們要張開眼睛，看看周遭世界中不斷增長的需要。爲何把時間花在沈悶、沒有果效的長時間沈思默想上，而不把時間用於改善所需的技巧，更好地裝備自己，切實地服事他人？」怪不得禮拜堂的訪客日稀，靈修導師的顧客日少，反而，人們愈來愈關注醫院、監獄、教區及城市特別計劃中的教牧訓練。

然而，好些牧者多年來置身於會衆及鄰舍的日常各項活動、憂慮及關注中，卻告訴我們事情的另一面。他們的工作多樣化，他們參與形形色色的活動，遇見不同類型的人，接觸到的難題範圍廣闊；最後，他們卻不禁疑惑，在這種情況下，他們如何活出整全一致的生命？在重重矛盾衝擊中，如何保持個人的整全品格？在要求甚高的日常牧養工作中，很多人付出太多，逐漸感到空虛、枯竭、疲累，甚至經常失望。由於致謝並不多見、進展並不明顯、果子不易察覺，這種倦意傷害更大。即使他懂得怎樣做個出色的輔導員、怎樣滿有意義地回應個人及羣體的需要、並怎樣準備自己作社會轉變的輔助者，最困擾人的問題依然是：「是甚麼感召我去作工？我從哪兒支取力量，使我在林林總總的活動中保持一致？我怎樣得到力量，幫助我像保羅般，在重重危難中，憑著對基督及十字架不變的信，始終如一？」

再次有規律地禱告？花更多時間讀經？作長時間的默想？連續數天的反省？退修？很多人作以上的嘗試，卻仍感到失落。正如他們所說：「要是我未能在我的工作——我的關注、擔憂、苦痛與快樂所繫——中間尋見上帝，即使在生活邊緣的空暇時間得以尋見祂，也沒有甚麼意思。要是我的屬靈生命，在事奉中不能進深成長，又如何在邊緣的生活中長進？」

這問題在願意委身事主的人中間愈來愈普遍，也超乎「專業」的範疇。再沒有人懷疑牧者需要好好裝備自己，不單在對上帝話語的知識及理解上，也在牧者與會衆的關係上，因爲藉此上帝的話語才得以傳遞。正如醫生、心理學家、精神病專家、社會工作者需要特殊技能，才可以眞正幫助他人，要是牧者缺乏事奉中各層面所需的訓練，如傳道、教導、牧養、策劃及慶祝，他也無法切實地完成他的工作。神學院正好爲許多牧者提供所需的專業訓練，教導他們各種方法，使他們的工作更令人滿意、更有意義及更有果效。

雖然過去數年，牧者最關注的，是怎樣在各種助人解困的行業中找到自己的角色，然而，他們腦海中卻泛起一個日見急切的問題：「凌駕於專業訓練之上的，究竟還有甚麼？牧職事奉是否只是衆多助人解困的行業之一而已？」年青的神學生更質疑各學科劃分複雜的價值，他們試圖找出生命的中心及一致處。這時，以上問題更形重要。

近年來，許多牧者、神學生要求教牧工作得到督導的同時，也提出一些好像遠遠超越專業訓練的問題，這引起我極大的關注。起初，重點在技巧是否最出色，方法是否最合適，途徑是否最有效：「我向會衆講道時，用甚麼語言才能使人明白？我當如何幫助一對處於婚姻危機中的夫婦？我當如何協助垂危的病人？社區的羣衆要求我對房屋問題作出回應，期望我扶助貧困，對種族隔離及社會不公義進行抗爭，我該怎麼辦？我應否不惜任何代價，堅持非暴力原則？某些時候，暴力是否惟一合乎道德準則的回應？」

這些問題異常重要，需要高度理性的討論，小心翼翼的探究，加上充分督導下長時間的訓練。

然而，問題並非止此而已，更不是核心所在。在這些關注背後，關鍵好像在於提出這些問題的人的屬靈生命。很多神學生還在掙扎著自己的存在意義。遠在他們問自己如何向別人傳福音以前，他們已受盡以下問題的困擾：「誰是我的上帝？耶穌基督眞的在激勵著我的生命嗎？我如何看見自己的生與死？我當如何待我的鄰舍？介入別人的生活，是否單單我的期望、工作，甚至職業所需？當我內心質疑愛的可能性時，我應否向人講論愛？若我從未眞正經歷過禱告的大能，為何還在閱讀、講論、教導關乎禱告的事？」

這些問題並非以這般率直明確的語句道出，但在傳道人討論講章、探訪病人、上信仰課程或從事其他事奉工作時，我覺察這些問題在有意無意間，正是今天他們許多挫敗感的根由。或許一個醫生即使不相信生命的價值，仍然可以醫好病人，但一個傳道人若不以個人的信心及他對生命的省悟作牧養工作的核心，便不能成就眞正的事奉。

因此，事奉與屬靈生命是不可分割的，事奉不是朝九晚五的工作，而是本質上一種生活方式，讓其他人看見、明白，好叫人得著釋放、自由。

今天，人們渴求一種嶄新的屬靈生命，就是在生活中重新經歷上帝。這種經歷對每個事奉上帝的人來說，都是相當重要的，但在事奉的範圍以外卻無法尋見，只有在基督徒的事奉核心之處，才可以尋獲嶄新屬靈生命的種子。禱告不是工作的前奏，或有果效的事奉不可或缺的條件。禱告是生活，禱告與事奉合而爲一，不可分離。一旦分離，事奉上帝的人不過成了巧匠，牧養工作不過是另一種替人紓憂解困的方法而已。

要是我們渴想安靜及默想，不是源於對世界的關懷，我們很快便會感到沈悶乏味，並質疑爲何要奉行這許多的敬虔操練。要是每天服事上帝子民的人，仍不能在其中愈來愈看見上帝是活生生的上帝，也休想在沙漠、在修道院、在默觀中遇見上帝。爲免專業服務淪爲信仰的附庸品，事奉必須植根於事奉的人本身的屬靈生命，及由此而生對服事對象恆切的關懷。

這就是以後各章所針對的問題。期望藉著分析事奉的五個主要工作層面——教導、傳道、牧養、策劃及慶祝，可以向每位願意委身事奉上帝的人展示屬靈生命的種子。

其實，每個基督徒都是事奉上帝的人，這是明顯不過的。全職事奉可說是一個聚焦點，因全職事奉是眾多基督徒事奉模式中最清晰可見的。因此，「牧者」或「事奉上帝的人」等字眼遍及全書，但對「牧者」或「事奉上帝的人」適切的，也同樣適切於每個願意在耶穌基督福音的亮光中活出生命的人。一言以蔽之，這書是關乎每個基督徒的生活方式。

第一章

超越知識的傳遞

教導

從「壓迫式」到「救贖式」的教學過程

引言

從前，上帝從天上差遣天使，給世人報告迫切的信息。今天，祂仍如此行。數月前，一位越南佛教僧人來到荷蘭。某天，他踏進我居住的房子。他個子瘦削，弱不禁風，教人連摸他一把也不敢。但他眼神清澈無懼，渙發著高度洞察力及深切的憐憫，讓人感受到他對別人充滿諒解。他直望進我的眼裏，說：「從前有個人，騎著馬在路上狂奔。一個老農夫站在田裏，看著他經過，大聲喊著說：『嗨，騎馬的，你往哪兒去？』那人回過頭來，高聲回答說：『別問我，問我的馬兒好了。』」

那僧人望著我，說：「這正是你的光景，你已身不由己，失去自主，任由那股龐大勢力，把你拉往未知的方向。在自己也不明所以的前行中，成了被動的受害者。」他的話如同紋身般蝕刻在我身上，然後叫我無論到哪裏去，均暴露於他人面前。

當我們留意老師與學生的處境，同樣問題出

現：「老師和學生眞知道他們的馬正往哪兒跑嗎？」

所謂學生，就是指一羣人，在特定的處境中，在稱職的老師的指導下，反省自己及社會的現況。他們在生命中，撥出一部分時間，刻意審視個人及所處社會的光景，期望能夠知其所以然及行得更爲合宜。

然而，「學生」(school)已不再意味「經院制度」(schola)，即充滿可供自由運用的時間；學校已成了一門高度複雜的工業，讓人們在踏進另一更複雜的社會前作好裝備。這樣，我們或許更領會那越南僧人的說話。要是教育的意義是賦予人充足的學術武器，去勝過同儕，賺取更多金錢，謀取更佳前途，好在鄰里間更顯尊貴，我們大概應該撫心自問，這態度是否有上帝話語的支持。

歷世以來，教育是基督教最普遍及最爲人嘉許的事工。基督徒無論到哪裏服事，常以教導爲己任。因爲他們深信，提昇對人及對世界的洞察力，是通往新自由及新生命的途徑。雖然教會常常沒有活出這信念，甚至一度窒礙科學的自由發展，限制對新知識的勇敢探索，但他們經常在福音書裏念到這信息，就是透過不斷的教導，使人類的潛質盡情發揮。

因此，教導的事工從不局限於宗教教育。但教導得以成爲事奉，並不因著所教導的內容，而主要是建基於教育過程本身。或許，我們過分重視課程內容，反而不察覺，其實師生關係才是教導的事奉中最重要的一環。

從這方向出發，容許我問：那些自稱老師和學生的人，在耶穌基督福音的亮光中，如何自處？爲了較有意義地回應這問題，我想對兩種教導的基本模式——「壓迫式教學法」及「救贖式教學法」——加以描述，然後詳細分析人們對學習的抗拒何在。

就模式而論，我不願意對任何老師不公，我從不作如是想。我只想勾劃出基本結構，幫助我們明白身處何處，方向何往。

「壓迫式教學法」

讓我們來看今天教育界一般情況：學生們不斷在他們的世界中遇到複雜的難題，於是幾乎每天都在學習新技能、新方法、新技巧去應付這些困難。無論在醫學、社會學、心理學、化學、生物學、經濟學，甚至神學各範疇裏，人們專注於以調控工具去滿足即時需要，回應急切問題及保持生活方式的平衡。單單爲了「使事情受到控制」，已令大部分老師、同學疲於奔命。一個成功的老師，往往就是創造以下信念的人：人們剛離開訓練場所，已擁有所需工具去馴服迎面而來的兇悍獅子。

在這情況下，教導註定是一個壓迫人的過程，並且造成惡性循環：人們視世界爲有待征服的領土，其上站滿了力拒外侮的敵人。踏進這競技場，教師也被逼置身於一個本質上是爭競、單向及疏離的過程。簡而言之，這就是壓迫。

讓我們細心觀察「壓迫式教學法」的三個特徵。

1 爭競

爭競已成了現代教育中最普遍及最具破壞力的特徵之一。學生怎樣看待同學及教師、怎樣期待評級及學位、怎樣準備及應付考試、怎樣申報大專院校，甚至怎樣度過餘暇，在在充滿無限敵意。你只要在學期最後一週到大專校園走走，便彷彿聽到人人都說著「甲、乙、丙、丁」這神祕語言。若你看到學生只有在肯定了同學的分數比他低，才會爲了自己的分數較高而高興時，便知道並非憂來無因了。在這個鼓勵不斷爭競的制度中，明顯地知識已不再是與人分享的禮物，而是需要捍衛的財產。

學生們清楚知道，他們在學業、體育甚至社交各方面的成就，都會給人拿來作比較。他們也深知道，成績會決定他們的升學、未來工作，甚至軍階，無怪乎他們難逃恐懼戰兢的厄運。

求知。因此，整個流程就是從老師到學生，從强到弱，從知道的人到還未知道的人；基本上這是單向的流程。

3 疏離

最後，「壓迫式教學法」第三種特徵是疏離。學生把目光投放別處，偏離自己當下與未來的直接關係，他們假設未來是那些「眞實事情」要發生的地方。因此，學校不過是他們日後的生活、那「眞實」生活的準備而已。某一天，他們離開課室，收起書本，忘掉老師，生活便可以開始了。學校不過是室內訓練場，讓人陸上行舟，過一種模擬的生活。因此，怪不得很多學生在課室內感到沈悶、疲累。他們打發時間的方法，就是焦躁地等候下課的鈴聲響起，便可以幹自己喜歡幹的事。難怪很多學生覺得在學校發生的事，與他們沒有甚麼關係。他們只是盲目地相信：終有一天，他們會爲所受過的教育而感到慶幸。

難怪老師被視爲屬於另一世界的人，不屬於學生的世界。一種潛藏的敵意由此而生，學生對那些盡獻時間、精力、關懷，裝備他們去踏進社會的老師，根本沒有絲毫謝意可言。

整個過程是疏離的，因爲無論學生或老師，都不可以表達自我的獨特性，也不能以他們的正常關係，作學習的主要依據。他們被拖離個人體驗，呆望著地平線的一端，期待某些事情發生，同一時間卻對眼前所發生的視而不見。

很多人在學校裏度過了二十年的光景。要是在二十年尾聲時，他也隨之去世，生命還有甚麼價值可言？那二十年是不是為了另外二十年而作的籌備，從而可以在最後二十年過退休生活？要是一個人不曾在此時此地眞正活過，他又何須對明天抱有希望？這正是疏離的核心，在很多學生和老師的生活中，已是顯而易見的事實。

我們已描繪過「壓迫式教學法」的特徵，如爭競、單向及疏離。或許我們不會看到它的毀滅力量全然出現，然而，在現代的衆多教學法中，仍可察覺它的元素存在。

現在我們可以研究一下另一模式，我稱之為「救贖式」，盼望以上的論述有助提高大家對這題目的興趣。

「救贖式教學法」

要是我們當眞常常被動地成了教育過程的受害者，而它的影響又是我們無法接納的，我們急需確切了解這影響。根據初步印象，我懷疑我們經常與自己的存在根源失去聯繫，在自己家中變成陌生人。我們四處奔波，想要解決我們世界的難題，但卻焦躁地迴避難題的眞正根源：我們自己。很多時我們就像個忙碌的人，走到一朵嬌豔的鮮花前，說：「你究竟正在做甚麼？你不能找些東西忙碌一下嗎？」然後發覺自己無從明白花兒的回答：「先生，對不起，但我在這裏，就是爲了展現我的美麗。」

我們怎樣才可以明白花兒的智慧：「所是」遠遠重要於「所作」？我們怎樣才可以與我們生命的根源保持活潑的接觸？只有透過一位老師，向我們展示我們「所是」，以至「所作」，從而引領我們找到存在的根源。

可是這樣的老師何在？好些人覺得我們已經失去眞正的老師，並生活在沒有智者的年代。眞的如此嗎？還是我們應該說，沒有老師，是因爲連學生也沒有嗎？老師得以成爲老師，是因爲學生容讓他們成爲老師；學生得以成爲學生，是因爲老師容讓他們成爲學生。只有透過相互的接納，他們才得以進入一種被喻爲「救贖式」的師生關係，與「壓迫式教學法」的爭競、單向、疏離恰恰相反，「救贖式教學法」是啟導、雙向及實踐的，就讓我們審視這些特點。

1 啟導

「救贖式」師生關係的第一個特徵：每一方都嘗試啟發對方的個人潛質，並使之可以與人分享。

學生若眞的期待老師出現，他必須以自己個人的生活經驗，作爲省悟及理解的根源，來給予別人作他老師的自由。惟有容讓別人分享自己生活經驗的學生，才有可能啟發他人成爲眞正的老師。這樣看來，老師完全倚賴學生，學生必須對老師付出信任、信心、友誼，共同分嘗他的軟弱與剛强、渴望與需要。不要太快下判語說這是不切實際的。事實上，課堂上好些討論，的確成了啟發性的學習方式，學生與老師、同學們分享個人經驗，從而促進更深入的了解。在這情況下，取代那名句「是的，不過」的，是「請告訴我多些」、「那使我想起」，或「我對這點想作些補充」。爭競消失了，老師不再是可畏的法官，而是一個獲得機會、得以成爲老師的人，他可以誘導學生更懂得學習。也許某程度而言，一位眞正的老師，也必須是一位朋友。換句話說，當基督對門徒說：「以後我不再稱你們爲僕人……我乃稱你們爲朋友。」（約十五14）事實上祂成了眞正的老師，因爲他們已克服了恐懼，眞正的學習得以開始。

2 雙向

「救贖式」師生關係的第二個特徵：雙向。這意味著不單學生向教師學習，老師也當向學生學習。要是老師從不願成爲學生，讓學生成爲他的老師，他不可能使他的教導成爲救贖式進程。老師與學生是同伴，一起尋索甚麼是眞理、有意義、是適切的，給對方角色互換的機會。

然而，很少老師可以輕鬆自如地容許學生比他們所知更多，更遑論讓學生自由地向他們學習。他們普遍認爲，讓學生指導他們是件丟面的事。因此，他們不明白，就是這種自由更新了師生關係，使學生從恐懼中得釋放，得以自由地成長。此外，在這過程中，成功非因老師見識超卓，而在於他處理未知之事時的成熟及願意讓未能解答的問題懸空。

要是教導是一個雙向的過程，它也必須是一個沒有既定答案的過程。因此，討論不再是一種傳遞標準答案給學生的方式，而是經驗及意見的交流，沒有預設的結論。這樣，討論可以引來嶄新、教人驚喜的觀點及洞見。

當老師和學生願意接受對方的影響，學習才能成爲一個更新的過程，不再教人沈悶或疲累。只有透過這樣的師生關係，學習才可能出現。

3 實踐

接下來，「救贖式教學法」的第三特徵，是實踐而不是疏離的。要是學習是爲未來而作的準備，未來必須臨在於此時此地的師生關係中。要建立一個美好新世界，這世界的開始必須可見於今天的日常生活裏。若今天也不見所盼望的徵兆，大概也沒有理由寄望未來有甚麼事情發生。要是我們在此時此地的個人經歷中找不到自由和平，也無從談論促進公義和平的方案。要是我們在今天所處的人際關係中，看不見公義仁愛的種子，又如何委身，爲明天社會而奮鬥。一個非暴力的社會不可能誕生自「壓迫式教學法」，正如公義非生於嫉妒、溫柔非生於殘暴、愛非生於恨。要是學校是人經歷羣體生活的地方，人們一起生活而毋須懼怕對方，學習建基於經驗與意見的活潑交流，那麼，或許從學校出來的人，更會願意把他們成長年間的經歷帶到社會中。這樣說來，學習不再是裝備人們進入暴力社會的訓練營，而「救贖式社會」的實驗室，爲現代社會提供另類生活方式。因此，教導可以創造新的生活方式，讓人們基本上以一種非暴力的方式相交。老師若這樣行，會發現學習其實是一種生活方式，超乎課室範圍以外；新建的關係，不因學生離去而結束，而是一個生生不息的進程，不爲等級學位所阻，是對一己生活方式不斷更新的挑戰。

我們把「救贖式教學法」描述爲啟導、雙向及實踐的。明顯地這理想不可能完全實現，但我們若能在所處的環境中開始逐步實踐，我們可能得著鼓舞，手執馬韁，領牠離開壓迫而奔向與日俱增的自由。然而，如果以爲「救贖式教學法」是顯而易見的選擇，我們便錯了。真的如此，以上所寫都是多餘的了，這選擇並非理所當然，因爲我們面對人類心深處對學習的抗拒。且讓我們作一分析，好明白它及從而除滅它。

對學習的抗拒

學習意味催生一種救贖式的洞察力，幫助人們了解自己及世界境況。但我們時常渴慕洞察力嗎？伯納德·朗倫根(Bernard Lonergan)寫道：

> 正如有人渴慕洞察力，也有人厭棄它。既有喜愛光明，也有喜愛黑暗。要是成見與偏見敗壞了理論探究，初步的情感更是輕而易舉便使人對事實及個人事件的理解出現偏差。排斥洞察力，也就是排斥隨之而來的問題，排斥那些相輔相承的洞察力所指向整全而平衡的觀點。欠缺較全面的視野，將導致造成自己及他人誤解的行徑。這種狹隘的視野影響所及，人們情願從人類的外在世界，退縮到內在的幻想舞台中。
>
> (Bernard Lonergan, *Insight,* London: Longmans Green and Co. Ltd., 1957, p. 191.)

朗倫根稱這種理解失常爲「盲目」(scotosis)，這個字源於希臘文「*skotos*」，意思是黑暗，由此而產生的是「盲點」(scotoma)。他引進這些名詞，幫助我們更清楚理解人們對學習的大力抗拒。正是這種「盲目」，阻止我們正視那些對今天人類的自我構成十分重要的元素。這種排斥帶來痛苦的洞察力的「盲目」，使我們放棄以個人經驗作學習過程的一部分，並使我們成了生命進程中袖手旁觀的觀衆。

我只想說些簡單而明顯不過的事。然而，若果最明顯的事也最容易變成最具威脅性的事，那麼，或許它也最容易變成「盲目」。

「盲目」的意思是，我們爲了公義平等作冗長激烈論爭的同時，卻恨惡老師，又或者忽視同學的需要。「盲目」意味在充滿暴虐的社會中作無盡的學術論爭，與超重的人討論饑荒問題。「盲目」會容讓教會人士沈醉於悠閒舒適地討論上帝的國度，而他們卻應該知道上帝與貧窮人、病患者、飢餓及垂死的人同在。根據朗倫根所說：「『盲目』是一種失常行爲，阻止有艮知的觀點出現，以免帶來不受歡迎的洞察力。」（同上，頁192）看見我們如何逃避那不受歡迎的洞察力，實在使人驚訝。

爲甚麼醫治「盲目」是如此困難？甚麼使我們對顯而易見的事視若無睹？要是我們找到這些問題的答案，最低限度我們可以開始明白爲何我們對學習有强烈的抗拒，爲甚麼教導要成爲「救贖式」進程是如此困難。

我想指出三個叫我們抗拒學習的理由，它同時解釋了許多師生間的「盲點」：錯誤的假設、錯誤的壓力及面對自我的驚惶。

1 錯誤的假設

許多老師、學生仍活在一個錯誤的假設下，以爲付出遠勝於接受。老師期望給予學生一些意念、意見、特殊技能、勸勉，或是任何他們認爲學生期待的。於是，學生也根據老師的付出來品評他們。

要明白基督所說：「施比受更爲有福。」（徒二十35）的含義是很困難的。我們很難承認對弟兄最大的服事，就是去接受他的施予，並容許他享受施予的喜樂。我們生命中的許多快樂，是來自我們有能力付出，而朋友又願意接受我們的禮物，並使這些禮物成爲他們生命中的一部分，透過這些禮物倚靠我們。看見朋友把我們所送的圖畫掛在客廳當眼處，我們會感到高興。問題是：我們有給他們把圖畫放在隱蔽處的自由嗎？

禮物得以成爲禮物，是因爲有人接受它，無論我們付出甚麼——財富、聰明、才幹，甚至只是美貌——都不可能稱之爲眞正的禮物，直至有人張開雙手或打開心扉去接受它。

這說明了若果期望他人成長——也就是發掘他的潛質及才能，體驗他的生活及工作目標——我們得首先找出他可以送出的禮物，並樂於接受它。只有在獲得接納時，人才得以完全。這樣，只要有人引導學生辨認出自己的能力，並接受這是自己的恩賜，他們其實可以是更好的學生。當學生們發覺可以向老師提供一些新意念，而老師不覺得受到威脅，卻是存著感謝的心領受，學生們便成長了。要是學生們願意引導老師展現他的特長，並以感謝的心及活潑的功課作回應，老師也可以是更好的老師。很多人抓緊個人的才幹，卻害怕沒有人對它有興趣，便讓它埋沒了。然後，他們退回自己的幻想世界中，飽受自尊日益低落的苦楚。

只要我們仍然持守這錯誤的假設，以爲付出是我們的首要任務，我們的「盲目」仍未得到醫治，最富創意的洞察力將停留在我們意識以外。

2 錯誤的壓力

阻止我們「盲目」得到醫治的第二個理由，是我們已陷於現代教育的致命網羅中，以爲擁有更佳成績、更高學位及更優異的學術成就，代表我們勝人一籌。老師和學生把大量時間花在那教人身心枯竭的學術生涯上。我們重視文憑與證書到一個地步，願意盲目信任一個擁有碩士或博士學位的人。但在數月前，他還在考試中掙扎，我們覺得他不過是個不負責任、性格反叛的學生。

社會上這種錯誤的壓力逼使我們過分重視自己

的學術成就能否獲正式確認，使我們忽略了個人的眞正需要，妨礙我們從個人經歷中培養洞察力，就是生命更新的基礎。

3 面對自我的驚惶

對學習最後也是最强烈的抗拒，卻來得更爲深刻及複雜的，是一種對認信的抗拒，而這認信要求「虛己」的自我發現。只有在我們可以公正地面對人類的基本情況、完全體驗這是所有學習的基礎（學生與老師都參與其中）時，我們才可以活潑地接收及突破學術常規的牢籠。經驗告訴我們，老師與學生面對同一眞相——我們命定了是赤條條、軟弱無力地步向死亡，歸根究柢，人是全然孤獨，不能互救或拯救任何人。這發現令人好不困窘，原來自己正處於孤單軟弱中，迫切需要從奴役中得釋放。老師和學生都得承認，他們同樣生活在虛假的世界中，容讓自己被最瑣碎的欲望、最齷齪的野心所驅使。

只有當老師和學生願意面對這使人痛苦的眞相，他們才可以釋放自己，眞正學習。只有在他深感孤單之際，自覺一無所有，不要抓緊生命，視生命爲不可或離的財產，人才會對周遭所發生的事敏感，昂然無懼地迎見它。

這轉化並非一蹴即至，而是一個循序漸進的過程，是得到救贖式洞察力及消除盲點的先決條件。

由此可見，錯誤的假設、錯誤的壓力及面對自我的驚惶，三者使我們的盲點難以治癒，對學習的抗拒難以消解，使「救贖式教學法」難以眞正實行。

結語

這一章的中心思想是，只有通過滲透全人的轉化，攻破那教我們對學習抗拒的勢力，才有可能從「壓迫式教學法」過渡到「救贖式教學法」。

耶穌被稱爲「老師」，並最能精確全面地演繹這詞語的含義，是因爲祂沒有緊緊抓住特權，反倒成了其中一個虛心學習的人。祂的生命向我們清楚顯示，我們不需要武器，不需要隱藏自己，不需要互相玩競爭的遊戲。只有那些無懼於展示弱點、容許自己被耶穌溫柔的手觸撫的人，才可以成爲眞正的學生。要是教育是要挑戰世界的話，基督親自挑戰老師和學生，撤去防線，追求眞正的成長。要達到轉化，醫治我們的「盲點」，我們可能會從馬背上被拋下來，眼瞎片時，但最終我們會獲得一種嶄新的洞察力，促使新世界的新人類出現。

第二章

超越故事的覆述

傳道

洞見與心靈空間的開放

引言

一八五七年安東尼・特羅洛普(Anthony Trollope)在《巴徹斯特塔》(*Barchester Tower*)中寫道：「此刻在自由文明國家中，強加諸人類的苦楚，莫甚於聆聽講道的需求。」（參Daphne D. C. Pochin Mould, 'Let's Abolish the Sunday Sermon', *U. S. Catholic*, July 1970）要是今天有許多人熱烈贊同他的講法，我不會感到驚異。

因此，更教人驚奇的，今天竟然還有許多熱心傳道及樂意聽道的人。原因何在？或許，今天的人與上一世紀的毫無分別，都持著永恆的渴望，要深入了解自身及所處世界的境況，得以自由地追隨基督；也就是像祂一般，活出眞實的生命。傳道的目的，就是要幫助世人獲得這最基本的洞見。

洞見不單指理性上的認知，而是全面而完整的知識，教整個人肯首稱是。洞見是從腦到心，從頭到腳，從理性到勇氣的認知。擁有這全面滲透的知識，人們才可以眞正聆聽上帝的話語，跟從那進入黑暗中的亮光。因此，傳道的其中一個主要動機，就是除去這眞實及顯而易見的障礙，它使人聽道卻不明白。

不久以前，我的一位朋友在某家荷蘭教會的主日崇拜中講道，他至少花了三天來準備講道內容。聚會完了，我見到一個年約十七歲的男孩子，坐在最後一排的長椅上。因爲我曾經協助我的朋友預備那篇講章，所以很好奇，想知道人們的反應，於是走到那年輕人面前，說：「你喜歡這篇講道嗎？」他瞪著我，彷彿我問了一個至爲愚昧的問題，撥了一下前額的頭髮後，說：「先生，我從來沒有聽講道，這是我的打盹時間。」他的反應使我幾乎失去平衡，我四處張望，尋找可以給我一點兒支持的人。我見到一位三十多歲的男士，正和妻子、兒女步出教堂。我截住他，問道：「先生，我可以問你一個問題嗎？你覺得今天的講道怎樣？」他即時回答說：「唔，那牧者看來是個相當友善的年青人，但我想，他還有很多需要學習的地方。那些關於卡米路・托雷斯(Carmillo Torres)及馬丁・路德・金(Martin Luther King)的，還有那些我們應該怎樣幫助教會改變的講論……先生，你知道嗎？我眞希望他們可以讓**我**站在講壇上發言。有時，我眞的按捺不住，想站起來反駁一番，但妻子覺得我在家已經說夠了，到了教堂應該保持安靜。」

牧者和傳道人竭盡所能，向數以百計仍然願意在主日返教會的人傳講上帝的道。但那男孩的冷漠與那男士的惱怒，正是阻礙很多人聽道的兩種慣常反應。要是傳道的目的是帶來洞見，而冷漠和惱怒正是其中兩種主要的障礙，我們已找到傳道困難的核心所在。

傳道是基督教事工的核心。聖經學者，以至歷史學家、系統神學家等，都對理解這重要的事工貢獻良多。要探討傳道的眾多層面，似乎是過分狂妄。因此，我只打算把討論局限於回應一個問題上：「怎樣的人才可以幫助他人，除去那些攔阻神的話語落在好土上的障礙？」

這問題的關鍵其實在於傳道者的屬靈生命。但在我們以事論事之先，我們應該先行審視傳道時遇到的兩個主要困難，一是關乎信息本身，其次就是關乎傳遞信息的人。因此，我把這章分作三部分：信息本身的問題、講員的問題及帶來洞見的人。

信息本身的問題

要把信息傳遞出去，最低限度聽眾要有接收信息的意願。這意願意味聆聽的渴望，尋求答案的提問，又或是有待釐清或理解的疑惑。然而，要是給予答案，卻沒有人提問；付出支持，卻沒有人需要；提出意見，卻沒有人願聽；惟一的後果，將會是忿忿不平，或淡然的冷漠。

講道的人常常發現會衆與飢渴慕道者的人數比例，簡直相距千百里，這是人所共知的事實。教員及講師可能對傳道人能夠影響這許多人而有點嫉妒，但他們似乎忘記了，很少聽衆會像教堂會衆般缺乏聆聽的動力。動力低落的原因何在？我想，信息本身有兩方面的問題，或許可以某程度上解釋這現象，就是信息累贅及信息引起驚恐。

1 信息累贅

要是我們說，傳道是要宣告好信息，我們必須正視這眞相：對大多數人而言，講道中根本沒有信息可言。事實上，沒有人期望在講道中聽到一些他們未知的東西。他們在家、幼稚園、小學、中學、以至大學，已經頻頻以不同形式、不同面貌聽聞有關耶穌的種種——祂的門徒、祂的拯救、祂的神蹟、祂的死亡、祂的復活，他們已不期望從講壇聽到新的信息。對大多數人來說，福音的核心：「你要盡心、盡性、盡意，愛主你的上帝，又要愛鄰舍如同自己。」已經耳熟能詳到一個地步，不能再挑起絲毫反應。他們自幼已一直在聽，至去世爲止……當然，除非中途因過分沈悶，拒絕再置身於聽到這累贅信息的處境中。那情境是極之有趣的：講道開始時，傳道人講個世俗的故事，作爲醒胃小吃，而會衆則坐直身子，瞪著眼睛。但到那名句出現：「弟兄姊妹，這正是耶穌基督的意思，祂說……」會衆立刻踡曲身子，換個舒適的姿勢，亮起打瞌睡的信號。從那一刻開始，大部分傳道人便孤軍作戰，倚靠他們的聲量、奇異的動作，與會衆保持接觸。說來也教人神傷，耶穌這名字，對很多人來說，已完全失去推動力。情形一如在教會學校裏，老師問道：「孩子們，誰發明蒸氣機？」課室鴉雀無聲，直至一個坐在最後的小男孩舉起手指，眨著水汪汪的眼睛，聲線呆滯地回答說：「我猜又是耶穌了。」

信息累贅至完全失去引發創作性反應的能力時，就再不能稱爲信息。人若無法避免處身這種聚會，便只好閉上眼睛、心靈，魂遊象外。

2 信息引起驚恐

然而，信息累贅只是阻止人們聽道的其中一個原因。即使對大多數人而言，講道了無信息是無可推諉的事實，無論如何，福音的核心信息所包含的眞理，至今無人能完全體會。眞正的聆聽，表示恆久樂意地承認：你還未完全明白自稱所相信的。例如，一個在前的人，願意聽到「在後的反要在前」嗎？要是他富足、自滿、享盡美酒佳饌，生活爲所有朋友豔羨，他想聽到貧窮、哀慟、飢渴、受逼迫的人有福了嗎？若他叫老闆「雜種」，罵自己的兒子「沒出息鬼」，爲了越南美軍又殺了幾個越共而感到光榮驕傲時，他想聽到「愛仇敵，爲逼迫你的人禱告」嗎？信息可能終其一生都是相同的，只是以不同字眼、不同形式重複出現，但那願意接收信息的人，同時也得到一種省悟，給他的生活方式帶來衝擊及改變，這卻可能是他不願意接受的。無論如何，眞理是激進的，指向人生命的根源。喜歡這種方式及其帶來的自由的人，始終是少數。事實上，面對直接了當而簡單明顯的眞理，人們自然感到戰兢震慄。人們普遍的反應是忿懣和惱怒，多於謙卑地承認，自己正屬耶穌所批判的一羣。因此，許多主日早餐桌上的討論，不過是明顯的嘗試，去消滅這威嚇人的眞理的可能影響。若有人說：「我眞想站上去，告訴那些傳道人，婚後有三個孩子的生活是怎樣的。」他不過表達了根深蒂固的抗拒，拒絕承認福音也是對一個有家室的人說的。正如冷漠能使人難以接受上帝的話語，惱怒也攔阻人們通往更新、自由的省悟之路。

信息累贅及對眞理的畏懼，似乎是兩個基本理由，解釋爲何傳道人要接近會衆，是如此困難的。要是上教堂的人，其實不覺得可以把所聽的道自由釋放地實踐出來，以上情況便更爲明顯。然而，他們仍然感受到某些遠方權威的牽制，如天堂、教會體制等，他們深信，要是他們不願意一星期捱苦一小時，他們在以後的日子要受更多的苦。結果，傳道人再次面對一件十分艱巨的任務：去宣告一個對很多人而言，既不新又不好的好信息。

在我們問究竟怎樣的人可以打破人類對信息根深蒂固的抗拒前，我們得誠實地承認，不單信息本身，就是傳信息的人，也常阻礙他人得著痛苦但釋放的省悟。因此，讓我們審視講員的問題。

講員的問題

很多傳道人把他們永恆的信息傳遞出去的方式，往往是增加而非消減人們對聆聽的抗拒。把許多講章作批判及分析，會展示以賽亞先知所言非虛：「你們耳朵是要聽見，卻不明白；看是要看見，卻不曉得。」（賽六9、10）很多傳道人肯定未能使這預言有某程度上的例外。細心察看傳道的方式，會幫助我們更明白講員的問題。從這角度入手，我提出兩個主要原因，解釋為何傳道人會製造敵對，多於贊同：虛設觀感及先入為主的神學觀念。

1 虛設觀感

很多講道以未經驗證的假設作開場白。傳道人毫不猶豫便把感受、意見、問題、困境强加諸會衆身上。即使不是全體會衆，也是大部分人感到完全陌生的。有些傳道人叫會衆問自己，爲甚麼在五旬節牧者施行聖餐禮時所穿的袍是紅色的，爲甚麼禮儀年的最後一個主日不在十二月份，爲甚麼大齋期長達四十天，爲甚麼追思日緊接著諸聖節……會衆對這些問題絲毫不感興趣。它們就如派厄斯・帕什(Pius Parsh)的著作裏一些尚未處理的問題，殘存於傳道人的記憶中。

有時，整個講道都建基於傳道人想當然的感受，卻又是一般人無法和應的。我記得有篇講章是這樣開始的：

> 今天，我們相聚，爲要慶祝我們的主耶穌基督升天。數星期以前，我們因著主的復活而充滿喜樂；此刻，我們卻感受到門徒爲了主的離去而憂愁。但我們不要沮喪，因耶穌不撇下我們爲孤兒，祂在數天內會差聖靈降臨。不單是使徒，就是我們這圍在聖壇前的羣體，聖靈也會給我們帶來了新生命及新希望……

傳道人講完開場白時，每個人都已魂遊象外，這並不出奇。我數點過，大概有三十人散坐在大而空曠的教堂內。似乎沒有人感受到復活節的喜樂或因升天而來的憂愁。沒有會衆、沒有慶典、沒有羣體，更沒有因聖靈快將降臨而有的焦慮或渴求。只有若干個別信徒，記起升天日應守的責任，尚算忠心地返到教會中參加聚會。

然而，更惱人的，傳道人似乎準確地知道每個人的感受。以下的開場白便是一個很好的例子：

> 主內弟兄姊妹，此刻我們全都成了美國白老鼠競跑大賽的參賽者，我們被逼成了腕錶的受害者、議程的奴隸，我們從一個會議趕到另一個會議，對上帝的聲音充耳不聞。祂在寧謐中說話，在我們的禱告安靜中顯現。

當然，這告訴我們許多有關那傳道人的生活狀況，但對花上好幾天去解填字遊戲的祖母、剛從棒球場回來的小伙子、趁著星期六空閒看陀思妥也夫斯基(Dostoyevsky)的教師，和跟小孩子到動物園玩了個快樂的下午的家庭主婦來說，那又何干？

或許會衆中會有人對傳道人點頭稱是，但大多數人會覺得和他所說的話，如和老鼠競賽般，相距甚遠。他們可能不覺察這點，但卻以別的形式，如自衞式的痲木，或率直表達的敵意，表明了其實他們沒有眞正與他認同。

2 先入爲主的神學觀念

第二個也是更難於克服的問題，是傳道人先入爲主的神學觀念。有些傳道人會爲剛讀完的一本書，或剛聽到的新觀點而感到非常興奮，覺得有必要與人分享他的熱忱。然而，通常他們很快便感到失望，並發覺卡爾·拉恩那(Karl Rahner)、哈維·考克斯(Harvey Cox)或希勒碧斯(Schillebeeckx)對會衆的吸引力，並不如對自己一般高。主要原因不是傳道人的神學觀點不健全或沒有意義，而是因爲傳道人和會衆都有各自的神學思想。我且以一個故事作註釋。

一個神學生被邀請宣講一篇關乎上帝的國的講道。他細心研讀有關的經文及最近期的著作，直至他覺得已對上帝的國有清晰的了解，準備好宣講。但突然想，何不先去探訪那教區內的四個家庭，問問他們怎樣理解上帝的國。

他首先探訪一位氣象學家。這位看了許多書的學者，覺得預測不過是一門奸狡的玩意。他說：「上帝的國就是神應許的應驗，人們不應對將來必要發生的事存有不健康的好奇心。」

然後那神學生去見一雜貨店東主。他的生意一敗塗地，妻子患病多年。他說：「上帝的國就是天堂，在那裏我終可得著捱過這困難重重、煩惱不堪的一生的獎賞。」

從雜貨店走到一個富有的農人處。那農人的妻子健壯，兩個孩子漂亮健康。他說：「上帝的國是一個美麗的花園，在那裏我們會繼續享受今生愉快的生活。」

最後，那神學生去到一名工匠家中。他學曉一門手藝，爲了能夠以雙手創造財富而自豪。他說：「上帝的國是教會的一個聰明發明，好使那些文盲快樂，貧窮人滿足，但我能夠自己照顧自己，又有一份良好工作，不再需要上帝國的降臨。」

那神學生探訪完畢回家去，再看看自己的講道內容，即時發現自己的想法與那生活在不肯定中的氣象學家的見解最爲接近。但那尋求賞賜的店主、盼望延續快樂的農人、以爲上帝的國在自己手中的工匠，便不能明白他的想法了。於是他再看聖經，卻發現其實四位信徒都可以在上帝的國中找到自己的位置。（以上資料承蒙荷蘭歐全市[Utrecht]天主教神學院[Catholic Theological Institute]神學生利奧・蘭斯先生[Mr. Leo Lans]准許使用。）

或許傳道人的最大試探，是以爲只有自己才擁有一套神學；並且深信他所當作的，是把會衆全都改變過來，跟從他的思想方式。然而，如此，他已不明白他其實已經沒有愛鄰舍如同自己，因爲他沒有重視他們的見解、經歷，並感同身受。這樣，會衆聽到他的觀點時，通常的反應，不是冷漠，便是惱怒，卻不知道原因何在。那花了大量時間看書及預備講章的傳道人，會愈來愈感到理想幻滅，並以爲沒有人願意聆聽上帝的話。然而，他忘了上帝的話不必與他的觀點完全一致。當傳道人執著於虛設觀感，又焦慮地被個人的神學理念所佔據，他會增加而非消滅人們那早已存在對信息的抗拒。

這樣，或許有人很想問：傳道人怎樣可以克服這困難？然而，我們得說，這問題已問錯了方向。因爲沒有任何工具、技巧、特殊技能可以解決傳道人的問題。但或許有一種「屬靈生命」——一種生活方式——可以帶給人一點盼望，去引領他人進入自由釋放的省悟中、一起無牽無掛地追隨基督。且讓我們看一看甚麼人可以幫助他人得著這洞見。

帶來洞見

傳道人的任務，就是去幫助成長過程中不斷掙扎的人，這全靠講論基督；祂積極面對人及世界的境況，活出生命的光輝。這表現鼓勵人去跟從祂，鼓勵人活出眞實的生命，即使他可能爲此淌淚，汗流浹背，甚至死於非命。

每個傳道人都蒙召，協助人除去在成長路上這痛苦過程中的險阻。這是一件艱巨的任務，因爲人對改變，都有深刻的抗拒，尤其在基本的人生觀上。只要我們擁有一個過得去的立場，我們便會抓緊不放，因爲拙劣的立場總是聊勝於無。在這方面，人其實是相當保守的。他時常受到試探，想放棄人類最珍貴的能力——改變立場，而且輕易便投降，與舒適的常規妥協。他多方抗拒祂的呼召，就是「你年少的時候，自己束上帶子，隨意往來，但年老的時候，你要伸出手來，別人要把你束上，帶你到不願意去的地方。」（約二十一18）我們認爲成年代表有能力自己照顧自己，但耶穌所說的恰恰相反，祂形容成年是代表愈發願意伸出手來，由其他人帶領。

毫無疑問，這樣的傳道人是個充滿勇氣的人，他期望助人除去成長過程的障礙，使信徒能夠自由自在地放下自我，接受他人的塑造。

對傳道人來說，講道時有兩點極之重要，能協助這不斷前進的成長過程，那就是：對話的雅量及心靈空間的開放。

1 對話的雅量

我用「對話」一詞，並不是指讓各人作長篇大論的演講，也不是指公開討論，或用上某些特殊技巧，鼓勵人參與討論。我只是指人與人之間一種相互聯繫的方法，他們對所聽到的，能夠以自己的生命經歷去彼此和應。這樣，對話不是技巧，而是傳道人的態度，他願意進入一種相互關係中，與同伴眞正互相影響。在眞正的對話中，傳道人不能留在外邊，不能保持遙不可及和不受傷害，反之必須全人投入。這可能是一個完全內在的過程，沒有交換片言隻字，但它要求講者與聽衆間冒險地建立眞正血肉相連的關係。只有這樣，才可以談得上是眞正的「對話」。

在這樣的對話中，傳道人的話語能夠在會衆的心中引起共鳴，並在他們個人的生命經歷中帶來回響。會衆開始明白，究竟自己是誰。他們容許他的說話接近自己、成爲自己的血肉時，他們才可以說：「你高聲說出來的，我曾在黑暗中呢喃；你淸晰地宣告的，我曾私下疑惑過；你刻意突出的，我曾在思想的某角落感受到；你緊握手中的，我曾讓它在指縫間溜走。我在你話語中找到自己，因爲它來自人類經驗的深處。因此這些話語不單屬你，也屬於我；你的省悟，不單屬你，也屬於我。」

要是一個人聽了傳道人的話後，能夠這樣回應，這便是一個眞正的對話。要是他比我們大部分人多一點兒直接反應，更會說：「對，弟兄，你說的是。阿們，哈利路亞。」只有這樣，人才可以體會眞正的對話，肯定眞我，承認自己的不足及錯誤，承認自己迫切需要上帝話語的能力所帶來的釋放。但在人未能明白自己裏面的情況、不知道自己眞正所要、所想、所作時，從上頭來的話語便不能深入他整個人的中心。若情緒、想法及靈感已亂作一團糟，根本無藥可救。

無論何時，那緊張、封閉的人爲同伴所接觸，後者表示了願意與他團結一致，並以自己的省悟及諒解作認同及澄清的根據，那人的迷惘因而得以除去，通往光明的路變得清晰可見。於是，那氣象學家、雜貨店東主、農人及工匠會明白，講台上的人只是幫助他們除去面紗，好看清楚自己而不是那人的觀點。他們才會明白，他在替他們說話。上帝的話語也不是他獨有的。

這種對話的一個美好例子，是威廉・斯隆・科芬神父(William Sloane Coffin, Jr.)在一九七〇年四月十日於康涅狄格州(Connecticut)紐黑文市(New Haven)巴特爾教堂(Battel Chapel)於「黑豹審訊」(Panther trial)日子裏的講道。講章的開場白是：

> 今天，在座各位大都處於極度痛苦中。「黑豹審訊」不僅使耶魯紐黑文市的社羣兩極化，也逐漸使整個民族，以至我們自己兩極化。此刻，我們大部分人最深藏的感覺尖銳分化，使我們任何指向信念與憐憫的思想和行動的能力趨於毀滅。
>
> (*Yale Daily News*, Monday, April 20, 1970.)

這就是對話，因爲科芬的許多會衆可同聲說「是」，他們覺察自己的癱瘓，這認知使他們首次渴望再次採取行動。會衆已預備好接收，科芬以後的說話變得極之有果效。怪不得這講道有重大的貢獻，促使人們對紐黑文市的恐怖處境作出活潑的回應。

然而，讓我重申，對話不是可以在學校學到的技巧或特殊技能，而是一種生活方式，沒有人可以模仿科芬或其他有果效的老師。總括來說，對話的能夠實現，全賴傳道人一方願意從根本向受衆開放心靈空間。因此，最後讓我們審視傳道人屬靈生命的核心——心靈空間的開放。

2 心靈空間的開放

心靈空間的開放，是引進「救贖性省悟」的對話的基本條件。那些不願意以自己對信心與疑惑、焦慮與盼望、恐懼與喜樂的理解，作爲與他人認同的根據的傳道人，休想除去那些攔阻上帝話語結出果子的障礙。

但正正在這兒觸及傳道人屬靈生命的問題。一個人要向其他人開放心靈空間，便得先向自己開放。然而我們知道，向自己開放自己，是極之困難的，因爲我們得先行處理自己的經驗。我們的自我認識，其實很富選擇性。樂觀的人最擅於記取那些增强正面人生觀的事件。悲觀的人會對自己說：「看，又一次證明我的不濟。」但那些實實在在的人去了哪裏？誰能接受自己的全盤經驗，肯定自己的快樂與悲傷、愛與恨，都同屬於個人的眞實經驗？未能接納自己的全盤經驗時，人傾向於選取那些最配合自己心目中的自我形象的經驗，來與人分享。這正是「封閉」的意思，是人對眞我的重要組成部分視而不見的現象。

傳道人要作眞正的領袖，必須能夠向那些要求他牧養的人，交出自己全盤的人生經驗——在禱告裏、傾談中和獨處時的體驗。牧養不是指緊張兮兮地四處狂奔、努力救贖世人、在臨危一刻拯救他們、以一個好主意領他們歸回正途、一個聰明的註腳，或者踏實的忠告。不然！人是一次過得蒙救贖。總而言之，牧者關顧是向你的同伴獻出你的生活經歷。正如保羅・西蒙(Paul Simon)的歌所言：「放下你自己，作煩惱河上的橋。」

我不是說，你應該談論自己、你的個人憂慮、家庭、青春、疾病或困難。這不過是以個人習性作一種自戀的遊戲，與心靈空間的開放完全無關。我的意思是，傳道人是蒙召去經歷生命，到了一個深度，是那氣象學家、雜貨店主、農人、工匠會同於某天察覺，他正觸及他們生命也隨之一起顫動的地方。這樣，他使他們得以自由地容讓上帝的話語進行救贖工作。因爲正如羅傑斯(Carl Rogers)所說：「最個人化的，也是最普遍的。」(*On Becoming a Person,* New York: Houghton Mifflin, 1961, p.26.)托馬斯・奥登(Thomas Oden)這樣解釋說：「我不斷發覺那些我視爲最私隱、最個人的感受，不期望爲其他人所了解的，在我清晰地表達出來時，竟與他人的感受恆久、深切地和應，確實使我驚訝，這使我相信，那些最個人的獨特感受，只要清楚說明，便有人深深共鳴。」(*The Structure of Awareness*, Nashville and New York: Abingdon Press, 1969, pp. 23～24.)

當傳道人眞正開放心靈空間，並以自己的生命經歷作認同的根據，會衆不再害怕正視自己及社會現況，因爲站在他面前的，是個活的見證，省悟使這人得著自由，卻沒有製造新的焦慮。只有這樣，冷漠與惱怒才得以消解，上帝的話語才可以落在好土上，植根於人類靈魂深處，不致不斷重複卻又鮮爲人所了解。

由此可見，通過開放心靈空間，眞正的對話得以出現，從而帶來新的省悟。這就是說，上帝的話語有如矛盾的記號及剖心的利劍，只要能夠成爲傳道人的血和肉，便可以接觸到人羣。

結語

我用了大量篇幅，去說明一件簡單的事情——傳道人就是願意爲會衆獻出生命的人。雖然屢遇冷漠、憤懣，上帝的話語還是時常臨到我們。傳道人蒙召，要除掉這些攔阻，使人們得著省悟，從而得釋放、得自由。

傳道人若不想增强而是減低人們對上帝話語的

抗拒，必須願意放下自己，與人分享自己的苦痛及盼望，使人們發現自己的道路，雖然道路是艱難的。由此看來，除了耶穌以外，沒有人可以聲稱自己是眞正的傳道人。祂以自己的生命作全面的開放，與所愛的人作全面的對話。但在那親眼看見祂死亡、血和水從祂肋旁流出的羣衆中，只有少部分人願意放下他們的冷漠和憤懣，因而得著通往自由釋放之路的省悟：「這眞是上帝的兒子。」（太二十七54）

每一次眞正的傳道出現，就是十字架復現的時刻，因爲沒有傳道者能夠不親自經過十字架的黑暗，而領人進入光明中。或許安東尼・特羅洛普說得對，在自由文明國家中，强加諸人類的苦楚，莫甚於聆聽講道的需求。但如果我們期望我們的國家眞的成爲自由文明的國家，我們盼望多見願意忍受傳道困難的人，帶領人們離開黑暗，進入上帝的光明中。

第三章

超越老練的回應

牧養

稱職與默觀

前言

爲了具體而仔細地處理「牧者個人牧養」與「牧者屬靈生命」兩者的關係，我打算以斯通紀念醫院(Stone Memorial Hospital)的見習牧師邁克爾·史密斯(Michael Smith)的經歷作這章的開始，邁克爾的主管告訴他，有一位癌症病人，名叫克恩先生(Mr. Kern)，情況已十分危殆，有需要探訪他。

於是邁克爾穿上醫護人員的白袍，掛上牧師的名牌，走進克恩先生的病房，進行他的牧者探訪。以下是二人的對話：

克恩：「你一定是新來的醫生，我從來沒有見過你。」

邁克爾：「我肯定你未見過我，雖然我早就想來，我眞的應該早些來。我是這裏的一個院牧，史密斯牧師。」

克恩：「你好。」

邁克爾：「我只是來打個招呼，並且讓你知

道，我們就在附近，如果有甚麼需要，我們樂意效勞。牧師辦公室的內線號碼是二七六五，要是你有興趣的話，歡迎參加主日崇拜，這裏有幾個基督教的聚會及一個爲天主教徒而設的彌撒。」

克恩：「我是猶太人。」

邁克爾：「啊，好的。那麼，你或許有興趣知道，一位拉比經常來斯通紀念醫院作探訪，不過不是天天在這兒，我叫他來找你，好嗎？」

克恩：「請不必了，我情願不打擾他，或者其他人。」

邁克爾：「隨你意思吧。你的病情如何？」

克恩：「不久人世了，只是時候未到。醫生已盡人事，但於事無補，剩下只是持續不斷的折磨。但是我也不想再多說了，請便吧。」

邁克爾：「我大概來得不是時候，但願我沒有騷擾你，或使你厭煩。但是，我仍想每隔一段時間便來看看你，不爲甚麼，只是打聲招呼，看看你的情況如何。」

克恩：「正如我已告訴醫生，只要你和其他人都肯讓我完全單獨自處，已經是幫了我一個大忙，並且已完全尊重我的意願。我的家人，除了妻子以外，都沒有來看我。我已經告訴女兒不要來，我不想她看見我這個樣子。爲何人們仍然堅持？即使是一隻垂死的動物也可以自己爬到一邊等死。我重申，只要你離開這裏，不要再回來，你已經是幫了忙。」

回到房間，邁克爾寫道：「我感到氣餒，甚至內疚，彷彿腹部給人踢了一腳似的。」（以上例子，蒙普林斯頓神學院〔Princeton Theological Seminary〕的蘇厄德・希特勒博士〔Dr. Seward Hiltner〕准許使用。）

這痛苦的探訪與其後更痛苦的反省帶出三個問題。在牧者個人牧養方面，這些問題被多番提出：

1.邁克爾，你以甚麼身分去探訪克恩先生？

2.你期望與這病人關係如何？

3.你期望爲他作些甚麼？

這三個問題分別指向牧者的角色、牧者與接受牧養者的關係及牧養的路向。近年，不少牧者都參加特別訓練課程，務求更擅於照顧會衆的個別需要。在精明的監督的指導下，加上心理動力學，尤其是心理治療科的嶄新透視，牧者努力使自己的事奉對那些爲生與死的意義而苦苦掙扎的人更爲適切。但當牧者審視自己的角色，與人的關係，以及他們所能提供的幫助，他們開始了解到牧者個人生命的深遠影響。我打算在這裏討論的，正是牧者屬靈生命的種種影響。

這一章可分作三部分——屬靈生命與牧者角色、屬靈生命與牧者的人際關係，最後是屬靈生命與牧者路向。

屬靈生命與牧者角色

邁克爾所面對的第一個問題是：「我是誰？」他不是醫院內的醫生，能醫治克恩先生的癌症；他不是受過訓練的心理學家，能幫助克恩先生減輕焦慮；他不是社會工作者，能指出克恩先生和妻子、女兒的關係，可以怎樣成爲他的支持。那麼，他的專長、獨特貢獻、個人技能是甚麼？

這問題是很現實的。現代社會的趨勢是愈來愈專業化，一門又一門的專業不斷冒起。以前，牧者確實身兼數職，是醫生、心理學家、社會工作者、護士……他更是羣體的雜役，知識和智慧的中心。但今天，很多牧者都覺得自己是各行各業的業餘從業員，卻沒有一技之長。在迷惘中，他們深感缺乏，飽受自尊低落的痛苦煎熬，更質疑自己的神學思想能否落實，有效地幫助別人。

在牧者角色方面，有兩點值得我們細心審視。

1 自我肯定

探訪過克恩先生後，邁克爾感到氣餒和內疚。他覺得自己硬纏著一個不曾要求、也不需要他幫助的人。作爲牧師，他是完全失敗的。

若被這感覺支配的話，沒有一位牧者可以活出活潑、有意義的生命。要是他覺得自己對弟兄姊妹沒有特殊的貢獻，只是被他們視爲生命的點綴品，而非資產；只是受到他人容忍，而非需要；長遠來說，他會變得消沈、悲觀、苦悶和暴躁，又或者放棄事奉，一走了之，進入一門他覺得是「眞正」的專業工作。

但對克恩先生及許多處境相同的人來說，究竟生命還餘下甚麼？一個垂死的病人，連自己兒女也不願見，甚至咒詛想救治他的醫生，而只要求一個角落，好讓自己可像動物般爬進去，等候死亡臨到，不願意任何人知道他無法掌管自己的生命，這樣的人會處於何種光景中？醫療、心理學、精神科、社會工作等統統不能回應這最終極的問題：爲何人要來到這個世界，逐漸學會自己站起來，與其他人結連，又把生命分給別人，卻容讓他人接續他所開展、而又未能看見其成果的工作？一個人若果不能賦予自己的生命歷程某些特定的意義，並且接受生命終會結束，他便不能像「人」一般逝去，與動物的死亡，沒有多大分別。克恩先生所在那部門的主管叫邁克爾去探訪他，是可以理解的。她知道邁克爾不能醫治他，但她也知道，或許只是模糊地知道，人逝世與動物死亡的有別，付出生命與在無望的爭戰中放棄生命的有別，迎接在死亡時刻愈見清晰的光明並轉過頭去，跟容讓自己陷入絕望中有別。

邁克爾或許未能使克恩先生順服地接受死亡，一個人的人生觀通常不會在一小時內轉變。但最低限度，他應該明白，他實在是受託去拯救克恩先生的生命，就是給予希望，化恨為愛，讓死亡成為給予人類的最後一份禮物，令他的妻子、兒女看見丈夫、父親眼中的亮光，從而同樣得到力量，了解到他不過是首先完全進到光明中。

當牧者發現，只要能夠幫助他人坦然無懼地面對真實的生命境況，便已經是給予他人生命，牧者便不會視自己處於生命的邊緣。相反地，他正處於生命的中心點。許多醫生都察覺，給沒有生存意志的人施手術，是何等危險；許多心理學家都謙遜地承認，即使他們對使人們互相傷害、互相醫治的動機很有研究，他們仍未能給生死賦予意義；許多社會學家知道，要是架構改變所帶來的後果並不清晰，這改變其實沒有甚麼意義可言。當人不再察覺自己的存在意義時，會抓住那最能滿足他即時需要的事物，在幻覺、性、毒品中逃避現實，並且發覺自己的生命在崩潰中，直至自殺為止。

在多方面來說，個人牧養是最迫切需要、而事實上也是最殷切渴求的，最低限度，我們得明白問題的所在。因此，或許教牧訓練的第一課，應該是教導牧者去聆聽問題，並且察覺到，事實上別人對他們的需要比想像中大，無數人正不斷提出艾非(Alfie)那古老的問題：「那又如何？爲何我們應該吃喝玩樂、工作賺錢、養兒育女，時常與無盡的沮喪搏鬥？」或許正如湯格華斯(Yogavasistha)所說：「人人生來等候死亡，世上那有甚麼快樂可言？」（參 W. Allport, *The Individual and his Religion,* Macmillan, 1960, p. 23.）

牧者就在這層面上蒙召去作出回應。要是他覺察面前的眞正問題所在，便會明白其實他可以碰到生命的核心。然後他可以拋棄那日漸低落的自尊，發現藉著肯定鄰舍的生命，其實已肯定了自己的事奉角色。

2 自我否定

然而，一個人在開始感到充滿自信或者自豪時，基督一些使人困擾的話語，便會在他腦海浮現：「若有人要跟從我，就當捨己，背起他的十字架，來跟從我。因爲凡要救自己生命的，必喪掉生命。凡爲我喪掉生命的，必得著生命。」（太十六24、25）保羅所說的，更教人難以置信：「我已經與基督同釘十字架，現在活著的，不再是我，乃是基督在我裏面活著。」（加二20）當牧者發現自己不但可以貢獻他人，也能觸摸到生命的核心；當他肯定自我，切切地完成他所期盼的及實踐生命最深處的召喚時，他會同時面對那迫切的呼召，就是叫他否定自己，看自己是僕人，一個排在最末後的無用工人。

邁克爾穿上一襲白袍，令自己看似駐院的實習醫生，也令別人接納他爲醫護人員的一位。但事實上，邁克爾並不眞正屬於醫院，沒有任何地位或制度上的憑藉。他在那裏，不是爲了醫治克恩先生。在多方面來說，他只是個局外人，對疾病一無所知，只認識那些病人。或許他的外袍是一個象徵，表明他不願意顯示，他其實沒有任何醫療工具或技巧。但他能夠從外面進來，只是要讓克恩先生知道，雖然他不會醫治癌症，卻關心這病人在活下去或行將去世的心態。

許多牧者極其關注自己是否與能幹的人並排，是否擁有截然清晰的身分。但達到這種專業的「自我實現」是否眞的如此重要？弗洛伊德(Freud)、容格(Jung)、羅傑斯及弗蘭克爾(Frankl)的深遠影響使衆多牧者紛紛自問：「我怎樣才可以作個眞的『我』，個人而又專業的？」現況是，輪候參加觀察力訓練課程的名單，似乎比輪候熙篤會修道院客房(Trappist guesthouses)的還要長。然而，我們的使命，是否就是自我實現至最高境界，並且創造自覺是最有意義、最美麗、最深刻的經驗？

托馬斯・梅頓(Thomas Merton)在一篇後期著作中寫道：

> 極之重要的，是我們必須摒棄現存對自我的認識，不再看自己為期待特殊經驗的主體，或是渴求夢想實現及理想達到的人。
> (*Zen and the Birds of Appetite,* New York: New Directions, 1960, p. 76.)

若果克恩先生能夠從邁克爾的探訪中得益，肯定不是因爲邁克爾知識廣博，又或者對生命的問題滿有答案，而是因爲邁克爾已解除了武裝，可以向他人降服，從而給予克恩談話的自由——不單關於他的癌症、他的困難，或者目前的憂慮，也涉及他爲何如此生活，此刻又如何面對死亡的經歷。

沒有人可以牧養他的弟兄，除非他願意否定自我，從而創造空間，讓上帝有作工的餘地。要是我們一直以自我爲中心，又怎能眞正幫助其他人？只要我們仍然嘗試關注身旁的事情，就不是眞正的專注。打瞌睡其實已經意味減低了專注的努力。一個人只有在忘記自己一會兒時，才可以眞正對他人產生興趣，進入別人關注點的中心。

因此，自我肯定與自我否定同樣是牧者角色的一部分。兩者是否互相矛盾？佛教禪宗的新見解斬釘截鐵地指出，我們安於自我完成遠多於自我倒空。荷蘭的修士兼心理學家H・H・M・霍文博士(Dr. H. H. M. Fortmann)在等候自己的死亡降臨時寫道：

> ……西方的信仰問題……必須與自我膨脹的問題拉上關係。我們已忘記了，有一種知識，只有透過一個虔敬的過程，就是放棄與倒空，才可以獲得。
>
> (*Oosterse Renaissance,* Ambo Bilthoven, 1970, p. 6.)

自從東西方的對話成了許多人（尤其是年輕人）生活的一部分，我們愈來愈察覺事實上有兩種意識的存在：一種叫你活出自我，釋放你原有的創造力；另一種叫你放下自我，讓上帝可以在你身上進行塑造。前者强調個體性，後者强調合一性。

近年來，牧者培訓深受西方行爲科學的影響，這至少解釋了重視自我及個人創作的部分原因，也讓人理解爲甚麼探索事奉中的專業身分備受關注。但如果我們正確地看到時代的某些徵兆，便知道那些從東方來的智者，才是眞正敬拜基督的人。而人們對赫爾曼・赫塞(Hermann Hesse)筆下悉達多(Siddhartha)的美麗描繪，興趣日濃，其實反映出他們對未來牧者形象的深切期望。不過，要是牧者的自我膨脹阻止了他與上帝的奇妙契合，沒有任何邁克爾可以幫到任何克恩先生，讓死亡成爲最後的順服行動。

但自我肯定與自我倒空並不是互相排斥的，因爲無人能丟棄他不曾擁有的東西。不覺察自我的存在，沒有人可以在愛中交出自己；未找到自己的角色，沒有人可以進入親密的關係中。耶穌在一個簡單的家庭中住了三十年，在那裏祂明白了自己是誰及要往哪裏去。然後他才準備好倒空自己，爲他人付出生命。這就是所有事奉的方式。通過長時間、通常是痛苦的過程及訓練，牧者要找到他們生命中的位置，發掘自己個人的貢獻，並且肯定自我：不是抓緊它，作個人的私有財產，而是走出去，服務他人，倒空自己，讓上帝可以透過他說話，並且呼召人得新生命。

於是，在牧養工作中顯得清晰可見的牧者角色，已誕生於自我肯定與自我否定、自我完成與自我倒空、自我實現與自我奉獻的無形張力中。在生命的某些階段中，著重點或會略有轉移，但通常一個人變得愈來愈成熟時，他會愈來愈不介意約束自己，也更願意伸出手去，效法基督的榜樣，因丟棄生命而得著生命。

屬靈生命與牧者的人際關係

在服事他人時愈來愈著重自我否定，不但對界定牧者角色而言非常重要，在牧者人際關係方面也是關鍵性的。在芸芸一起作工的專業人士中，即使邁克爾清楚知道自己的獨有角色，這問題依然存在：他和克恩先生是甚麼樣的關係？克恩先生沒有要求他來探訪，這在對話中是至爲明顯的。那麼，爲甚麼邁克爾要敲陌生人的門，單單因著那部門主管開始關心克恩的情況嗎？醫生巡房是可以理解的，因爲克恩先生來到醫院，就是爲了得到醫生的診治。但除了醫生以外，克恩不期望有來自某個宗教機構、與他生命毫無關係的陌生人來探訪他。邁克爾清楚知道這事實，他只是簡單地介紹自己，以及自己的辦公地點。他也解釋了醫院內三個宗教的代表，分別是牧師、神父和拉比，克恩先生需要他們的話，可以隨時找到他們。然而，克恩先生不需要這類型的服務，要是邁克爾不表示多一點兒的關注及問候，對話早就結束了。

有兩個概念可以幫助我們多一點明白牧者人際關係的獨特處：契約的概念和盟約的概念。

1 契約

許多在專業服務裏的人際關係失敗，是由於契約訂立得不夠清晰。兩個人在預約的時間內見面，就是一個約會的**正式**契約。要是其中一人尋求幫助，另一個付出幫助，便是一個**非正式**的契約，所商討的問題也就成了約會的焦點，而且背後通常還有一個不太清晰的**祕密**契約。有時候一個人尋找建議，卻聽到一篇講道；或者他需要別人聆聽，卻換來精神訓話；或者他希望得些資料，但回應的只是：「唔……唔……」在牧者人際關係中，存在著許多不一致的期望，這往往是造成極大挫折的根源。事實上，邁克爾深感挫敗，彷彿「腹部給人踢了一腳」，明顯地牽涉到他的錯誤期望，以爲最低限度克恩先生會因他熱心相助而有所回應。雖然克恩先生的反應是很特殊的，但是很多牧者在個人牧養方面的不快，很多時都是因著契約不清晰的緣故。我記得某次，一位女士對牧師說：「我的兒子不想再返教會，我應該怎麼辦？」

牧師說：「你不知道你應該怎樣回應這新形勢，對嗎？」

那女士說：「對，那是我想說的，但我更想知道的，是應該怎樣作？」

然後牧師開始輔導她，雖然那女士期望得著直截了當的建議。當然，結果那女士不快地回家去，牧師覺得自己一無所成。

幫助人可以用上許多方法，通過支持、勸勉、指導、更正、澄清感受，或者單單聆聽，但如果他們期望一項而所得的是另一項，便稱不上幫助。牧師的首要責任，是幫助會友明白自己其實需要哪一種幫助，並讓他知道牧師能否提供這種幫助。

要是這種祕密契約一直保持神祕，就會增加不必要的失望。很多牧師面對的試探是只沈醉於其中一種既定的人際關係模式——教牧輔導。這模式建議一種牧者與會友的相交過程，讓會友能夠澄淸自己的感受及鼓起勇氣來尋求出路。通常這需要多次精心編排的約會、牧師那一方的特殊技巧，加上會友的特殊態度。但在一般情況下，這種契約是很罕有的，更常見的是一些短暫漫不經心的接觸與交談，可能甚少或沒甚麼事情會發生，視乎牧者的敏銳程度而定。

有些牧者說，他們忙碌得不得了，但卻感到一事無成。當然，這可能只是拙劣策劃的結果。但當一個牧者找到自己的眞正角色，同一時間，他會發現他的任務，就是以不同形式與不同的人建立關係。事實上，正是建立關係時的衆多抉擇，容許他實行多元化、多可能性的牧養。從這角度看，渴想擁有某項專長，把自己局限於某種既定關係中，是逃避而非美德。毫無疑問，這種多元化的事奉可能造成更大的挫敗感，但這挫敗感可能正是事奉的精髓，指向一種超越其他專業服務契約、建立關係的方向。現在，且讓我們審視盟約的概念，作爲敎牧人際關係上契約概念的重要校正。

2 盟約

「契約」一詞，原爲經濟學術語，現已成了人際關係硏究上一個重要的概念。正式、非正式與祕密契約的分野，大大幫助我們澄淸專業服務中人際關係失敗的因由。因此，我們可以輕易看到，它怎樣幫助牧者明白，他們在人際關係方面的各種困難及可行性。

然而，正如自我肯定不是牧者角色的惟一路向，契約也不是牧者人際關係的結案陳辭。正如邁克爾未蒙邀請便去探訪克恩先生，很多傳道人、牧者也同樣敲門、按門鈴、走進無人等候他的房子。沒有醫生會想過從一間房子走到另一間房子，詢問有沒有人患病，需要他的援手。沒有心理學家會致電問人有沒有情緒問題，可以給他一個實踐專業知識的機會。但牧者卻採取主動，甚至是個進取的從業員，他期望：「務要傳道，無論得時不得時，總要專心。」（提後四2）

「契約」一詞不能眞正表達牧者人際關係的本質，這指出一個事實，要是牧者喜歡視他與另一個人的關係爲一種專業的關係，他的專業服務便得有別於其他助人解困的專業服務。「盟約」這一聖經名詞，正好賦予牧者與人的契約關係，一個決定性的註腳。耶和華與祂的子民所訂立的不是契約，而是盟約。只要其中一方不履行諾言，契約便結束了。病人一旦不付診金給醫生，那醫生大可以自由選擇另一病人。同樣，當一個人不守和心理學家預約的時候，後者同樣不覺得有義務去探訪他及查問爽約的原因。有人開玩笑說，心理學家就是願意爲了一小時二十五元作你朋友的人，其實背後的嘲諷是可以理解的。

但耶和華說：「婦人焉能忘記她吃奶的嬰孩，不憐恤她所生的兒子，即或有忘記的，我卻不忘記你。」（賽四十九15）明白這盟約的人，作出的回應是：「我父母離棄我，耶和華必收留我。」（詩二十七10）歸根究柢，不是那專業的契約，而是神聖的盟約，構成教牧人際關係的基礎。在盟約中，忠誠是理所當然的，它要求無條件的委身。

若有人盼望使上帝的盟約在現今世界顯現，或許，這便是最大的挑戰。誰不期望自己的善工會有回報？或許在一次牧者交談後，我們不會要求金錢的報酬，甚至不期望在聖誕節收到一份小小的禮物或一聲道謝，但我們眞的不會暗自設下條件，期望改變出現嗎？我有一位很要好的朋友，是個修士，立志在阿姆斯特丹作酒保。某天，他說：「我不想被稱爲牧者，因爲我看見許多所謂牧者，其實是屬靈娼妓，出賣他們的愛，條件是對方要有改變。要是我與一個人的關係，受到潛藏的壓力影響，我期望他停止酗酒，停止吸毒，不再濫交，剪短頭髮，上法庭、教堂，或者大會堂，那麼，我並不眞正與他同在，只是被自己的前設、價値觀及期望所佔據，使自己成爲娼妓，使弟兄降級，成爲我屬靈操控欲的受害人。」許多傳道人埋怨，沒有人對他們道謝；花在人們身上的時候，並不帶來轉變；經過多年的教導、傳道、牧養、策劃及慶祝，人們依然冷漠，教會依然專權，社會依然腐敗。但如果我們的滿足，是建基於可見的轉變，我們只使上帝成了商家，使自己成了營業部經理。

邁克爾誠意相助，別人卻了無謝意。即使在克恩先生明說：「我也不想再說了」後，邁克爾還堅持說：「我仍想每隔一段時間便來看看你，不爲甚麼，只是打聲招呼，看看你的情況怎樣。」那反應對一個只爲尋求感激的人來說，並不產生任何作用。雖然我們或許可以在邁克爾的困窘及拙劣手法中看到他對上帝的忠誠，但他那不理解的態度，卻只能夠挑起反感，或者同情。

由此可見，牧者與人的關係是不可能在專業契約的邏輯內爲人完全理解的。每個人都要求別人致謝，希望成功，期望改變出現，傳道人也不例外。然而，上帝賜給我們的，是盟約，而非契約，祂挑戰那些想使祂的盟約在這世界顯現的人，不要讓人的成功，成爲他們對人付出愛的準則。

屬靈生命與牧養路向

當傳道人的角色在自我肯定與自我否定的活潑張力中展現，而教牧人際關係的本質，雖然盛載著專業契約的表徵，但最終卻是建基於上帝與子民所立的盟約時，餘下要討論的，是牧養路向的問題。當牧者與一個尋求幫助的人，處於一對一的關係中，我們可以建議，牧者應該刻意怎樣行嗎？

邁克爾進入克恩先生的房間後，應該作些甚麼？一開始便談到醫院所提供的服務，是否不對？他應否有別的行動，說別的話，或者完全不說話？他剛聽到克恩先生拒絕繼續交談時，他應該向他問安嗎？這可能就是邁克爾見其督導時要提出的主要疑問。他可能說：「噢，我做了件可憐的事，我甚至感到內疚，但……請告訴我，我應該怎樣作及怎樣說？」

今天，許多牧者接受特殊訓練，正正爲了要在個人輔導方面更形老練。教牧訓練中心的頻頻開設，見證了人們的渴求：要找到「怎樣作？」這問題的答案。怎樣與學生友善地對話？怎樣幫助處於危機中的人？怎樣與嬉皮士或年輕的偏激分子相處？怎樣與迷惘的小伙子或反叛的年輕人建立有意義的接觸？怎樣幫助痛苦難過的垂死病人？怎樣作這？怎樣作那？有，我有一個奇怪的感覺，我們被老醫生的難題難倒了，就是怎樣令小孩子吞下藥片。使藥片甜一點？播放些背景音樂？或者用分散注意力的木偶戲？然而，小孩仍得吞下那藥片。很多時，牧者期望行爲科學大師，給他們的殷切問題提供答案。今天，許多心理學家、社會學家、輔導員及訓練敏銳觀察力的從業員，以他們的技倆教授牧者從而致富，傳道人熱切地羨慕他們的技巧，渴慕從他們身上學曉，解決那深藏無能感的辦法。

社會科學給了牧者極大的幫助，我不想低估它的重要性。目前我們對教牧關顧仍然滿懷希望，其中的一個主要原因，正是由於牧師、社會學家與社會工作者、心理學家及精神病學家之間仍然持續不斷地對話。然而，我體會到教牧關顧的一個獨特層面，是超越行爲科學的所長，甚至超越專業訓練，我想把注意力集中在這層面上。在衆多新式教牧訓練中，且讓我們把焦點集中在其中一項：撰寫教牧報告。

牧者在他們所受的訓練中，學到多種重要的東西，其中一項就是寫下他們的經歷。臨牀教牧訓練運動(Clinical Pastoral Education Movement)的執行祕書查爾斯・霍爾(Charles Hall)某次說：「值得說出來的就值得記下來。」要是邁克爾沒有寫下他痛苦的探訪經過，他不能從經驗中學到甚麼，但要學些甚麼呢？我想以兩個名詞來繼續討論：角色界定及默觀。

1 角色界定

傳道人不慣於寫作是衆所周知的，當然，好些人會吹噓說：「啊！這教會內所發生的事，我可以寫上一本書。」但很少人眞的這樣作。醫生撰寫醫療報告，心理學家撰寫測驗報告，社會工作者撰寫個案報告，但大部分牧者不會以任何文字，協助自己界定角色。臨牀訓練運動的一位先鋒拉塞爾・迪克斯(Russel Dicks)說：「我們相信，除非發展出一套保存他們與人交往紀錄的方法，否則，在芸芸研究人格發展的卓越工作者當中，牧者不可能宣稱佔一席位。」(*The Art of Ministering to the Sick*, New York, Macmillan, 1936, p. 256.)

通過研讀自己個人牧養工作的書面報告，傳道人可以澄清自己的經驗。這也是一個具體的辦法，讓他確切了解，他的教牧工作究竟是怎樣的一回事；更是一個獨特的機會，讓他切實地回想，還有沒有別的牧養方法。這樣，他可以界定發生了甚麼事情及應該怎樣作。邁克爾在重複翻閱探訪克恩先生的書面報告後，他明白到自己的緊張，使他牢牢地執著於具體資料，以致表現得像個旅遊協會主任，多於像牧師。他也開始明白，如果在探訪前，他曾問醫生或護士有關克恩先生的事——他的宗教、身體及心理狀態，他其實可以避免很多痛苦。他開始懷疑，那白袍固然使他看來像個醫生，卻可能導致更大的敵意。縱然克恩先生充滿憤懣及苦痛，不能夠面對自己的處境，也未能表達出對他人幫助的渴求，但邁克爾仍可以與他有不同的交往方法。於是，邁克爾從經驗中有所學習。但經驗是個含義非常矛盾的字眼，許多牧者以多年累積的經驗，去爲自己的表現作辯護，他們很容易忘記，只有很少人能夠從經驗中有所學習。一件仔細寫下來並經過評估的事件給予人的教導，往往遠多於多年空洞而未被參透的經驗。然而，一個人若可以界定自己站在何處，他也可以畫出一幅他要何往的地圖。每位專業人士都背負了自己所界定的責任。牧者若未能仔細界定自己的角色，他也不可能淸楚告知其他人。邁克爾在寫下個人經驗時，開始界定自己的角色。或許因而在下一次的探訪中，經歷較少的挫敗。

但若果我們視角色界定爲牧者個人關顧的結案陳辭，我們便錯過了事奉的核心。個人牧養並不是老練的回應，而是虔敬的默觀。因此，最後我們分析默觀的意義，是理想不過的。

2 默觀

許多如拉塞爾・迪克斯一般的導師最關注的，是幫助傳道人學懂，對一個既定事件作出最佳回應。邁克爾對克恩先生的回應肯定是可以大大改善的，我們可以想像出多種回應方法。雖然以爲傳道人應該遠離所有人際關係的技巧、工具、特殊技能，是有點兒幼稚的想法（我們甚至期望他懂得更多！），然而，老練的回應肯定不是事奉的核心。把自己的經驗寫下來，不但讓自己有機會界定那事件的本質及作出最佳回應，更是神學默觀的寶貴課材。臨牀訓練運動之父安東·博伊森(Anton Boisen)叫學生寫下他們的經驗，但他首先思想的並不是「怎樣做好它？」，而是「身爲牧者，在與這人的相遇中，我可以學到甚麼？」對他來說，最易爲人所遺忘的神學，就是他稱爲「活生生的人物記錄」，在《內在世界的探索》(*The Exploration of the Inner World*)一書中，他寫道：

> 名副其實的歷史學家，不會安於接納其他歷史學家探討難題後簡化了的陳述，並奉爲權威；同樣，我也不以書本中現成的著述，而是以活生生的人物記錄，以及複雜多變的實際社會狀況，作研究的起始點。

對以信爲本的人來說，沒有一次相遇是偶然的。在克恩先生與邁克爾的相遇中，即使邁克爾未能如己所願，給克恩先生提供援助，但或許克恩先生已經告訴了邁克爾一些他不應忘記的事：一個人可以在生命中變得困苦、難過、失望到一個地步，以致餘下的惟一渴求，就是爬到某個角落，像動物般等候死亡降臨。克恩先生以最赤裸、駭人的方式，展示出一個人若不相信愛的可能性，他的光景是何等可憐。

邁克爾可能已讀過齊克果(Kierkegaard)、沙特(Sartre)、卡謬(Camus)、卡夫卡(Kafka)及許多關乎焦慮與罪疚感、孤單與疏離感、及罪惡與死亡的著作，但此刻與他面對面的人說：「只要你離開這裏，不要再回來，你已經是幫了忙。」邁克爾可能說：「噢，又是一個固執、驕傲的人，只想獨處。」那麼，他根本未曾眞正默觀人類的處境，這在克恩先生的失望中是可見的。

克恩先生所作的，遠超於拒絕對話。他是活生生的課材，讓人思索一些神學最基本的問題：罪惡與救贖、內疚與寬恕、孤絕與復和，還有，生與死的問題。然而，在他的個案中，這些問題已超乎理論的範疇，對理解每個與他有關係的人，都有直接的含義：醫生，是他不能再面對的；兒女，是他在垂死時拒絕相見的；他的妻子，會生活下去，記憶著含恨而終的丈夫；而邁克爾，想在他死前幫助他，卻不成功。

教牧輔導的意義超於牧者的憂慮。它意味對人的處境，作細心及帶批判性的默觀。通過這樣的默觀，牧者可以除去面紗，使自己及其他人看清楚事實：在每個人生命中，善良與醜惡，不是紙上談兵，而是可見的事實。這樣看來，每一次的接觸，都挑戰人們，以全新的方式，理解上帝在人身上的工作，並且愈來愈敏銳地分辨心中的光明和黑暗。

這樣，默觀不單是牧者生命中一個重要層面，或有效的事奉不能或缺的條件，**事奉就是默觀**，不斷揭示現實眞相，展示上帝的光明及人的黑暗面。從這角度看，牧者個人關顧，不可能局限於運用任何手法或技巧，因爲最終我們想服事的，是那些不斷在生命中尋找上帝的人。事奉中弔詭之處，就是我們想讓上帝介入他人生命時，我們便在他人生命中得見上帝。

由此可見，要是牧養路向不跨越手法與技巧的層面，傳道人便會受到試探，要作他人的操控者。若他領悟到，他的教牧人際關係，其實是神學默觀的主要根源，他便可能被那些他所關心的人牧養。

結語

這一章的主要目的，是要說明教牧輔導對牧者個人生命的影響。我希望從專業服務至屬靈生命的重心轉移是清晰而明顯的。在探索專業角色時，從自我肯定轉移至自我否定；在建立專業關係上，從契約轉移至盟約；在以專業態度面對同伴的個別需要時，從角色界定轉移至默觀。

要是牧者眞的想幫助他所接觸到的人，他要成爲一位專業人士，擁有特殊知識、特殊訓練及特殊技巧。但如果他想打破世上牢籠人們的捆鎖，他必須超越專業，通過自我否定及默觀，成爲上帝盟約忠心的見證人。

這樣看來，只有耶穌可以被稱爲牧者。祂關心眾人最個人的需要，祂關心井旁婦人、抹大拉的馬利亞、尼哥底母，還有往以馬忤斯路上在談話間心裏火熱的門徒。耶穌在與人的關係上肯定是老練的，祂不怕以眞知灼見去激勵人。但當被問及他知識的來源時，祂說：

> 我的教訓不是我自己的，乃是那差我來者的。人若立志遵著祂的旨意行，就必曉得這教訓或是出於上帝，或是我憑著自己說的。人憑著自己說，是求自己的榮耀，惟有求那差祂來者的榮耀，這人是眞的，在他心裏沒有不義。（約七16～18）

關心他人的牧者，有技巧卻非巧匠，有知識而非僞君子，專業但不是操控者。當他能夠否定自我、忠於所託，並且領會人類苦難的意義，那麼，他所關心的人，會從這些願意伸出援手的人身上，發現上帝向他所展示溫柔的愛。

第四章

超越架構的調控策劃

社會改革中
的基督徒參與者

前言

我們若想檢視策劃與屬靈生命的關係，或許最佳的起始點，是從那些牧者們常問的痛苦問題入手。他們已警覺，他們的使命就是作改革的推動者。

經過無數日子的教導、傳道及個別輔導後，大部分牧者會停下來問自己：

> 為甚麼我花那麼多時間傳講神的話語，但那些我想接觸的人，卻從不在教堂內出現？為甚麼我教導孩子、成年人，裝備他們進入社會，但對很多人來說，我所倡導的生活，在社會中壓根兒沒有實踐的可能？為甚麼我呼召人們一起去慶祝他們的合一，但他們卻不能和平共處，反而被憎恨、爭競及隔離所撕裂？
>
> 為甚麼我花那麼多時間講論人們的個別苦痛，但我卻容讓社會繼續製造苦痛？

在許多牧者生命中，挫敗感愈來愈强，因爲他們意識到，他們的日常工作並沒有眞正觸及到生命裏的結構。他們覺得，自己像那些幫助受傷者卻無力平息戰爭的人。他們在講壇、課室、教區所說的話，可能支持到很多人，給他們再次面對生活的勇氣，但這病入膏肓、飽受戰爭、污染、貧窮、罪案、暴力侵害的社會，又將何往？當我們身處的社會從根本就出現錯誤，我們所有的說話又有甚麼幫助？

幫助人們適應一個不値得適應的社會，是否我們的責任？向一個未有足夠糧食餵飽兒女的母親講道，又有甚麼意義？輔導技巧不能除去她的飢餓。要是在某個社羣中，人們無居所容身，無工作維生，孩子又沒有活動的空間，大部分人已對那些「更美好的世界即將降臨」的宣告失去信心，向他們傳講愛心、體諒，又有甚麼意義？

愈來愈多牧者深受這些問題所纏擾，懷疑教會是否已經遷移到生活的邊緣，雖然仍然關心人，但已無法改善社會制度，從而讓基督徒享受眞正的生命。

近年來，這種醒覺漸漸滋長，許多牧者考慮成爲社會轉型推動者的可能性，並且思想能否把教牧輔導從個人層面擴張至社會結構的層面。新的培訓中心成立，例如基督教協進會(Ecumenical Institute)

及芝加哥的城市培訓中心(Urban Training Center)，在這等地方，第一個問題不是：「我怎樣幫助這個有困難的人？」而是：「我怎樣幫助這社會轉變，令有困難的人減少？」焦點大多不在教牧人際關係及牧養方案上，而在社會處境的仔細分析，社會事件的本質界定，社羣起源的來龍去脈和社會改革的方針。

但在羣體組織複雜的範疇內，牧者的任務是甚麼？要是說，牧者的任務，是獨力承擔衆多計劃的全盤責任，我肯定會反對。但若所謂使命，是使人們察覺他們隱藏的潛能；團結衆多的小我利益，成爲共同的關注；除去宿命論那使人心消化的影響，並揭示異象，使人們看到自己的社會責任，以及超越許多具體行動，成爲忠心的基督徒羣體；那麼，他大可以視自己爲一個獨特的策劃者。他能夠喚醒他所處的環境中沈睡的力量；他能夠掙脫悲觀主義及羣體抑鬱的枷鎖，使人們醒覺，事情不是必然如此的。他能阻止人們在始料不及的失望後，陷進冷漠無情中；防止人們採取破壞性的逃避主義，而不採取建設性的行動。他能夠幫助人們建立充滿希望、自信的心態，使羣體易於變通、易於適應新環境，並時常對新可能性及新視野保持敏銳。

從這角度看，牧者大可以成爲社會改革的推動者，又不致於掉進這個操控人的世界的網羅。但這要求一種屬靈的生命，一種生活方式，正正因著他的自由，沒有堅持那具破壞力的佔有欲，他可以忘情地投入世界中。要描述這種屬靈生命，首先我們要認識清楚人們在採取社會行動時的各種危險。因此，我把這章分成兩部分：策劃者的陷阱及社會改革中的基督徒參與者。

策劃者的陷阱

當我們問人們今天社會的狀況怎樣，很快便發覺大多數人的結論是：我們的社會已經病入膏肓，社會架構已一敗塗地，惟一的出路，是一個整體社會架構的改革。他們願意爲之而戰，作任何事使這新社會得以早日誕生。他們已警覺，「改變社會，從你自己開始」的口號是不可行的。相反地，要是人眞的期望改變出現，他所身處的世界必得首先改變。期望改變人而不改變架構只會浪費時間，眞正的改變始於外在力量，即使用上暴力手法、殘忍行徑及死刑，亦在所不惜。這就是阿瑟‧凱斯特勒(Arthur Koestler)所描述蘇聯大革命中軍隊政委的態度。(*The Yogi and the Commissar*, New York, Collier Books）這也是今天許多革命者所抱的態度，他們焚燒銀行、破壞房屋、街頭毆鬥、做任何可以推翻現有秩序的事。他們相信摧毀舊有事物後，新世界便從中誕生。其實可能很少牧者對這後果持相同信念，然而，許多深刻體會社會上棘手難題的人，都傾向於提出一些戰略與計謀，背後的假設仍然是「除非架構先行改變，人們才會改變。」

我覺得這種社會積極參與主義會面對三個陷阱，也就是三種危機的威脅：具體主義，權力及驕傲。

1 具體主義的危機

具體主義的危機，就是傾向於訂立非常具體、特定的結果，作爲繼續社會行動的動力。許多時候那些在陋巷、貧民窟或低發展區工作的人的大部分痛苦及挫敗，似乎是由於他們期望的改變並沒有出現。開始工作時，他們極度熱心，慷慨施助，但數年後，他們看不到任何改變出現，情況與他們初來時基本上一模一樣。他們失望，甚至難過地離開，飽受自尊的失落、挫敗感、無能感所煎熬。不少人可以見證這經驗，例如和平部隊(Peace Corps)的隊員，遠景工人(Vista workers)及羅馬教宗志願工作者(Papal Volunteers)。

通常造成這種態度的原因，是他們帶著既定的想法進到工場中，滿以爲事情應該怎樣怎樣，總是說：「**這**就是他們所需要的了。」——美好居所、良好教育、更佳的娛樂設施、排污系統、工會、合作社等等。但這些非常明確的目標，可能完全破壞他們工作的果效，使他們看不見人們的眞正需要，聽不到人們的心聲。因此，通常與他們的意願完全相反，他們只是在他們想幫助的對象中間製造敵意。

我記得某次在一個荷蘭人的貧窮社區中工作。我探訪了一個有十個孩子的家庭，他們白天穿著破舊的衣服四處遊蕩，晚上擠在三張古舊的大牀上睡覺。我想，他們的需要至爲明顯。我訂購了一些衣服及買了數張睡牀。然而不久，我偶然進入那房子，他們正在舉行盛宴，有大量啤酒、蛋糕。我的好朋友已經買了睡牀及大部分衣服，廣邀親朋、鄰舍來慶祝大兒子的生日。其實，他們已經擁有足夠的衣服——雖然不知道仍可怎樣修補，而對大部分小孩子來說，分牀而睡是孤單得很的。

很明顯地，我的幫助是我對美好生活一廂情願的想法，而不是他們所認同的。在很多情況下，這種錯誤經常重複出現。舉例來說，對那些獲得分配新房子的人來說，住在新房子可能不及住得接近朋友那麼重要。

好些人口控制計劃完全失敗，是由於縱然有動機善良的工作人員，推出嶄新的科技發明，如避孕丸、子宮環及其他避孕工具，卻沒有細心詢問人們，擁有大家庭的感受如何？對男人及他的妻子來說，沒有或只有少數孩子意味甚麼？其他民族如何判斷生命的價值？通常，人們視性教育爲問題的解決辦法，卻從未仔細研究過人們性行爲的動機。推行耗費不菲的計劃背後的假設，是各族各民都是想法相同、感受相同、行爲相同的。簡而言之，我們在嘗試改善世界及幫助弟兄時，自己所預設的具體見解，往往成爲障礙而非給予協助。

2 權力的危機

策劃的人時常面對爲自己製造小王國的危機。要主動發展新計劃，又不認定它是屬乎自己，是難度極高的。正如對許多父母來說，容讓孩子選擇自己的生活方式，是非常困難的。很多「策劃牧者」想讓表演繼續下去，繼續教導人們怎樣作。

以權力操縱他人的一種方法，是所謂「教育啟迪假設」——由聖母院大學心理學系主任約翰·桑托斯博士(Dr. John Santos)提出。這假設就是，我們總以爲，若果告訴別人甚麼對我們來說有意義，那就自然會對別人有意義了。很多社會改革者仍然認爲，只要你給他人正確資料及指示，人們就會得到啟迪，完全行出你心中所想的事了。但事實是你以爲對他們有益的，他們不一定深有同感。好些受過高深教育的人，寫了許多動機善良的計劃書，最後被束之高閣，甚至被其他持有不同價值觀、不同看法的人所嘲弄。若你覺得一張一百元的紙幣價值不少，有些人可能只是用它來點香煙而已。當我們把自己的價值體系介紹給別人，作爲理想的生活方式，以爲已經是幫助別人了，教育本身便淪爲一種權力操縱的方式。「黑人力量」運動就是其中一種對「教育啟迪假設」的反動，這假設使人誤以爲只要黑人可以分享白人的生活方式，便會快樂得多了。但其實，這意味教育已成了宣傳工具，幫助別人已成了權力遊戲的一部分。

對權力最微妙的渴望，是對謝意的渴求，這也是最難克服的。只要他人一直爲了我們的援助而表示感激時，實際上，他們是在承認，最低限度他們是在倚賴我們。也許正因這緣故，我們發現，住在非常貧困地方的人，對謝意的明顯表達有一定程度的抗拒。沒有人喜歡被視爲需要幫助或不能照顧自己的人，但一句「謝謝」往往清晰地肯定了這事實。因此，很多人花了許多日子幫助他人後，卻聽不到片言隻字的感謝，這是毫不爲奇的。在這情況下，謝意只是提醒人們，自己還未能獨立，這對他們的自尊構成威脅。不單個人，就是整個國家，也可以拒絕金錢的援助及急需的藥物，因爲他們情願帶著自尊死去，而不願在活下去時，感到自己要靠著別人，才得以生存。

但那個察覺他人需要，而又想替他人做些事的人，很難不活在一個小王國中，最低限度裏面有一羣充滿謝意的人願意說，沒有他的幫助，他們便不會變成此刻的模樣，並作此刻所作的。

3 驕傲的危機

最後，是驕傲的重大試探。每個想改變社會的人，都面對高舉自己的危機，看得見別人眼中的刺，卻忽略了自己眼中的梁木。社會改革者走出去改變世界，相信事情必須轉變，同一時間卻受到試探，以爲自己不需要轉化。當他不再視自己爲那需要改革的社會中的一員，他會幻想著自己是個救世者，不吃人間煙火，又時常是正直公義地接觸社會的。

他可能看到種族隔離的殘酷，卻看不見在世界舞台上演的戲劇化事件，正在他身上不斷重演：他譴責某些人愚昧，某些人思想狹隘，某些人自大。他可能嚴厲地批判資本主義及窮奢極侈的浪費行爲，但看不見沒有他大力譴責的資本主義，他不可能擁有目前的生活方式。他可能覺得，很多人應該過更好的生活及擁有更高的人類尊嚴，但同一時間，他不能夠細心聆聽別人的說話，接納他們的批評，並且不相信自己可以從中有所學習。他可能時常奔波於會議之間，忘記了他逐漸與自己的存在根源失去接觸，聽不到內在的呼聲。他甚至可能恐懼獨處及面對一個事實：與他想改變的世界一樣，他也需要改變。

每個關注社會改革的人都面對以上三種危機：具體主義、權力及驕傲。在耶穌察覺祂的使命是批判所置身的社會、質詢它的基本假設、並且為國度降臨而作工的時候，祂知道自己可能在那羣自稱彌賽亞的人的行列中，變成一個策劃者。真的，祂受過試探，要帶來即時果效：把石頭變餅，獲得統管世界的權柄和榮耀，從殿頂跳下並由天使保護，證明自己必不受傷害。

但祂藉著勝過這些試探，成了革命者，能夠掙脫當世緊緊束縛人的鐐銬，超越所有政治野心，使這新國度的降臨指日可待。這樣看來，赫伯特・麥凱布(Herbert McCabe)說得對：

> 革命領袖是基督徒牧者最可行的模式，真的，牧者應該是個革命領袖，但他經歷革命到一個深度，以致超越今天所謂的政治革命，進到我們稱之為形而上或靈性的革命。這種對革命的最終極詮釋，即宣講福音……
>
> (*Priesthood and Revolution,* Commonweal, September 20, 1968, p. 626.)

現在我們可以問問自己，一個社會改革的基督徒參與者應具備甚麼特質。

社會改革中的基督徒參與者

每個警覺到所處社會的毛病、感受到愈來愈需要爲社會改革而工作的人，都會面對具體主義、權力及驕傲的試探。很多人對這些試探的感受很深，看不出可以怎樣逃避，似乎作個社會改革者和作基督徒是互相矛盾的。很多人問，我怎樣可以爲一個更美的世界而工作，卻不致憎恨那些敵擋我的人，又不致落在說長道短、謀反及仇恨的試探中？我怎樣爲那些受盡剝削的黑人奮鬥，卻不會敵視白人？我怎樣幫助貧窮人，又不會憎恨那些看來是剝削他們的人？我怎樣批判建制而不會自大、自義及思想封閉？簡言之，我怎樣可以爲更美的世界積極奮鬥，又不致放棄基督徒的價值觀，就是愛敵人如同自己的朋友。

很多人在社會改革的掙扎中受盡創傷，在無法面對困難時，爲了避免變得如軍隊政委般情願犧牲人來改變架構，結果選擇了另一條實際上是相反的路，走上瑜珈之途。很多人厭倦了社會行動及對它的結果感到失望，寧取一個向內的尋索模式，這是不難理解的。新成立的冥想及注意力訓練中心如雨後春筍，爲了面對這亂七八糟的社會，人們嘗試從內在入手，改變世界，使人從內在得自由。很多時他們轉向東方思想，尋找一條新的出路。許多人愈來愈確信，世界上所有的矛盾紛爭都源於人的內心，他們的內在生命不過是大型社會殘酷戰場的縮影。對他們來說，惟一眞正能夠改變世界的起始點，其實是他們自己內在生命的中心。

阿瑟・凱斯特勒寫道：「瑜珈信徒相信，外在機制不能改變甚麼，改變一定是來自人們內在的轉化。不持這種想法的人，都是逃避眞正問題的所在。」(*The Yogi and the Commissar*)

天主教教會對「五旬節行動」的興趣愈來愈大，是否正正在某方面表達了這種類似的態度，這是值得深思的。很多認眞委身的五旬宗信徒，都專注於內在的轉化、消除內心的邪惡、強調個人的愛、成立祈禱小組等，他們基本上都同意，改變我們這日益敗壞世界的惟一途徑，是從改變個人的心靈開始。因此，與瑜珈一樣，五旬宗教會時常被指責爲抽離派，對重大的社會問題（如戰爭、貧窮、污染、隔離政策、社會不公義等罪惡）漠不關心，只是逃進個人的溫室花園中，專注於自己靈魂，如何經歷聖靈的感動，以爲自己的轉化已是這世界種種難題的解決辦法。這些指責並不教人感到驚奇。

然而，不論軍隊政委或瑜珈信徒，不論激進的基督徒革命者或五旬宗信徒，都不能解決我們社會的問題。相反地，牧者的重要任務，是在兩者的張力間安然居住，及幫助其他人悠然處之，並尋求一種調協。推動社會改革的基督徒，是蒙召同時作一個社會的改革者、一個不失去自己靈魂的人、一個行動的人和一個祈禱的人。他蒙召去關注我們這世代的重大課題，但也不忽略那些需要我們個別關顧的兒童、貧窮人、病人、老年人。從基督徒的角度看，這種細心安排的平衡是可行的。牧者若持守這種觀點，並把它指引給其他羣體成員看，便成了眞正的社會改革的推動者。我們甚至可以說，若果一個基督徒使這遠象變得清晰可見，他已成了衆人的牧者。因此，我把這遠象描述爲盼望的視域、活潑接收的視域及分擔責任的視域。

1 盼望的視域

加布里埃爾・馬賽爾(Gabriel Marcel)說得很清楚，很多人心目中的盼望，只是一種「願望實現」的想法。每個人一生都充滿願望。小孩希望得到腳踏車，男孩子希望得著一個足球，學生希望成績好，男人希望得到汽車、房屋和工作，病人希望得醫治，窮人希望發財，囚犯希望得釋放。這種「願望實現」的想法，就像等候聖誕老人出現，而他的任務是滿足非常明確的需要及欲望，可能的話，最好即時成就。一個人的生命若充滿了這種具體明確的願望，他便不斷陷於失望、痛苦、憤怒或冷漠的危機中，因爲很多時都不會夢想成眞，在某種情況下，他會有被出賣了的感覺。

我覺得，很多爲社會改革而奮鬥的牧者，往往是這種「願望實現」想法的受害人。他們爲了更好的居住環境、教育設施或社羣關係而努力工作。他們心目中已有明確的目標和具體的執行方案。雖然這些目標很重要，方案也很合理；然而，他們傾向於以夢想的實現作爲自我形象的標準。基本上，他們仍然是小信的人，關心他們想要的禮物，多於關心禮物的施予者。

只有通過盼望，人才可以克服這種把事情具體化的態度，因爲盼望不是指向禮物，而是指向祂——一切美善的賜予者。我們*有願望*，但我們*持守盼望*。（參Paul Puryser, *Dynamic Psychology of Religion,* Harper & Row, pp. 166～170.）因此，盼望的要素是人不要求保險，沒有爲自己的行動預設條件，沒有要求保險，對他人凡事盼望，沒有限制自己對他人的信任。或許，一個充滿盼望態度的最佳例子，仍然是小孩子對母親的態度。他時常要求非常具體的東西，但他對母親的態度並非端賴這些願望的實現。小孩子知道，母親只會給他最好的東西，雖然有時他會爲此而哭，甚至惱怒，但他仍然相信母親給他的，是最好的。

在社會改革鬥士的腦海中，藍圖往往非常明確，因爲事實必須如此。然而，他必須視他所達致的成果，是上帝賜給他的禮物，能夠在自由釋放中接受這些禮物，才是個有信心的人。沒有人可以強逼一個羣體的精神方向；惟一可行的，是建立各種條件，讓羣體自由發展，並發掘通往救贖的途徑。

一個有盼望的人可以爲他所服務的人獻出精神、時間及能力。但當他把自己局限於任何明確的結果時，他便會看不見自己最終極的目標。社會改革推動者若持守盼望，便不會陷於具體主義的試探中。他不會擔憂他工作的果效，因爲他相信神會成就祂的應許；想準確地知道事情會怎樣發生，不過是試探。同樣地，一男一女若答應忠於對方，也不想知道二十年後事情會怎樣，只有讓未來開放，他們才免於失望，能夠接受相互關係的成果，視之爲禮物。

基督徒若展示這種盼望的視野，他便使其他人自由地往前看，超越羣體的即時需要，要在一個更廣闊的視野內，明白自己的行動。或許，這類型領袖的最佳例子，莫如馬丁・路德・金。他鼓舞他的人民，爲非常具體的權利而奮鬥，包括在公共汽車、餐廳內公平的座位以至公平的選舉權利，但同時他沒有使這些具體權利成爲最終價値，他往往超越行動的成果，而定睛在更大的相關命題上，就是人類的整全自由。因此，他可以說，不但黑人不自由，那壓逼他們的白人也不自由；因此，即使理想目標未能達到，他也可以阻止別人使用暴力；因此，明知不會看到結果，他仍會爲著公民權利的緣故而全人獻身；因此，他無懼死亡。在所有活動的同時，他不斷提醒人民，雖然成就了很少願望及帶來很少改變，但都沒有沮喪的理由。他不斷提醒他的追隨者，他們正在通往應許之地的路上，但要先越過曠野，才會到達上帝使祂的人民得享自由的地方。馬丁·路德·金能夠展現出如此強而有力的屬靈領袖素質，因爲雖然他**此刻**追求自由，他學會忍耐、等候，直至上帝的旨意使祂的應許成就。

2 活潑接收的視域

通過培養樂意接收的意願，牧者可以幫助自己或其他人免陷權力的試探中。想帶來改變的人首先要學習，容許那些他想幫助的人改變自己。當然，對那些首次置身嚴重困乏地方的人來說，這是極度困難的。他們看見簡陋的房屋、飢餓的人羣、骯髒的街道，聽見缺乏醫療照顧的人在痛苦中的哀號、嗅到沒洗澡身軀的異味的時候，往往已被包圍他們的困苦所淹沒。然而，沒有人能夠眞正去施予，除非他明白他的施予若與他的收穫比較，不過是小巫見大巫。當耶穌說：「你們飢餓的人有福了，因爲你們將要飽足。你們哀哭的人有福了，因爲你們將要喜笑。」（路六21）我們就要能夠**看見**這喜笑。耶穌說：「這些事你們旣作在我弟兄一個最小的身上，就是作在我身上了。」（太二十五40）通過這些話，耶穌直接邀請我們不單去幫助人，且在那些蒙幫助的人身上發現上帝的美善。一個人若只看見令人痛心的貧困，他還未有眞正去施予的資格。然而，好些人眞正獻身貧民區，自覺他們的使命是服事當地的人，他們卻發現在小孩的微笑、人們的款待、彼此的問候、娓娓道來的故事、閃耀的智慧、分享的物資中，隱藏了無窮的豐盛與美麗、熱愛與人間溫情，而自己所作的工，不過是收穫的小部分而已。由此，我們可以更體會，爲甚麼那些多年生活在貧困環境中的傳教士，剛回到自己富裕的祖國時，往往會懷念他們的佈道工作。不是因爲他們想受更多的苦，而是因爲他們在那些人羣中所見的美麗，是在家鄉無法可見的。

很多國家、城市、社羣仍需要援助。但可悲的是，我們仍然相信，最佳推動他人提供援助的方法，就是透過書本、相片，以展示出這些人是如何過著非人生活。這樣作肯定可以使人們感到內疚，令他們打開錢包，掏些錢出來，好使良心舒服一點。但這不是一個基督徒應有的反應。集中營、比夫拉(Biafra)垂死兒童的影片、電視、收音機及報紙裏不斷展現的瘦弱軀體淸楚告訴我們，揭露困苦不單引起同情，也可能帶來侵略。只要我們仍然是爲了自己的財富而內疚，才想到幫助他人改變生活境況，那麼我們仍落在玩弄權力遊戲及等候別人致謝的光景中。但我們若開始發覺自己在多方面其實是貧窮的，而那些需要我們幫助的人卻是富足的，有很多東西可以施予，那麼，眞正的社會改革推動者便不會向權力的試探屈服。因爲他已明白，他的事工並不是沈重的負擔，或者是勇敢的犧牲，而是一個機會，讓他遇見他渴慕的上帝的臉光。我盼望有更多關於所謂「貧窮」國家及「貧窮」城市的書，不單展示他們如何窮困及如何需要援助，更展現他們生命的美麗及他們的格言、風俗、生活方式。或許這會有助發展出一種嶄新的基督徒「旅遊業」，讓遊客體會當地接待者的智慧、知識和經歷，從而豐富自己的生命。

3　責任分擔的視域

談到領袖，我們自然而然便想起個別擁有特殊才幹的人。不錯，教宗若望(Pope John)，約翰・甘迺迪(John F. Kennedy)，馬丁・路德・金及哈馬舍爾德(Dag Hammarskjold)等人，都教我們容易明白，他們實在是社會改革的推動者，對無數人的生活，甚至歷史的進程，影響至爲深遠。但我們若不斷期望一些像他們一樣的人，起來成就大事，便犯了錯誤。不久以前，我和一位黑人社會學家傾談，我問他有關黑人羣體的領袖模式。他說：「或許，我們需要像金一樣的人，但更重要的是，我們要尋找可帶來改變的羣體，而非個別的人。」

要是基督教的平信徒和牧者眞的想作社會改革的推動者，他們首先要學習的，是怎樣和其他人分擔領導權。我們習慣對人說，他們有責任。然而，他們是否也擁有隨之而來的權力，卻是另一回事。教人驚異的是，很多牧者仍在獨自埋頭苦幹，卻沒有使用活潑的方式，推動會衆的潛在領袖素質，來分擔他們的責任。

首先，事實上只有少數牧者，眞的知道其他人正在做甚麼。停止了經常性的員工會議，醫院及學校便不能運作，但我們至今仍不多見會衆經常討論、分析及評論共同關注的事件，也甚少見到任何策略或長線計劃。其次，普遍來說，平信徒甚少獲邀請參與教牧工作。同時，牧者頻頻埋怨工作過勞，既要探訪老弱病者、領導會議，又要留心財政及其他瑣碎事務。他不明白，眞正的領導權意味分派工作。第三，在任何城市裏，教會不可能視自己爲獨立小王國。不同教會的牧者及平信徒可以經常相聚，商討他們同樣面對的困難，運用各自的才智，交換意見，聯合事工，推行教導、傳道、牧養及財政各方面的共同計劃。他們可以批判該城市面對的主要問題，在有需要時一起發出呼聲，讓人們知道，基督徒羣體正深深關注此刻的重大課題；於是，教會不會被輕視，雖然結果可能換來他人極大的憤怒，甚至公開的敵視，但最低限度，我們可以肯定，神的話語是讓人再次以嚴肅的心態去領受的。

當然，驕傲的危機並未消滅。基督徒常常說，

「留心你所作的」，但要接受以下的話，可不容易：你不可以靠自己成就甚麼，你當恆常接受批評；你當意識到，社會的難題，也是你的難題。但何時牧者、傳道人及平信徒在慈愛與謙卑中走在一起，情況便會出現轉機。

當然，這些教牧會議很容易被誤解爲充滿軍區政委氣氛的會議，其基本目的，是訂定戰略，部署對社會問題的炮轟。但不一定如此。在聖地亞哥的**某個社區**，貧窮、飢餓及苦困等問題觸目皆是，教牧同工每星期花很多時間聚會，基本上卻不是爲了訂定行動計劃，而是爲了分享各人的經歷，仔細默觀他們身處的現實境況，使各人更了解人們的所作及所說，並且，他們一起守聖餐禮，爲能夠服事他人而感恩。當然，局外人會說：「爲甚麼你們不外出作工？這麼多人不夠吃、不夠喝，你們還花這麼多時間聚在一起？」但他們清楚知道，要作眞正的改革推動者，他們要在心中默觀，在孩童的哭泣聲中聽上帝的聲音，在苦難這汚穢的幔子後得見祂的臉容。

由此可見，盼望的視域可以使人們免受尋找即時果效的試探；活潑接收的視域讓人們得以逃過權力的網羅；責任分擔的視域令人們彼此支持及互相砥礪，個人的驕傲得以消弭。

通過活在這些視域中，牧者成了催化劑，能夠發掘他所處羣體的潛質，並導引他們的方向，通往更新的社會行動。

結語

這一章的大致問題是：「屬靈生命與策劃的關係何在？」這問題引領我們去思想一個更清晰明確的問題：「牧者怎樣才可以成爲眞正的改革推動者？」我們討論過軍區政委的態度，他想首先改變外在架構，即使他要運用權力及犧牲人民來達到具體的果效亦在所不惜，因爲他認爲這是使新世界降臨不可或缺的條件。我們也討論過內省的人的態度，他相信只有改變了個人的內心，才可能改變現存社會的架構。然而積極社會行動者的危機，是可能忘記了社會的問題也形之於改革者的內心；內省的人也很容易忽略，有時社會的重大問題，是遠超乎任何個人的洞見。那些想推動社會改革的基督徒，無論是平信徒或牧者，都會恆常遇到挑戰，就是必須在積極的社會行動者及內省的人兩者之間取得更新的契合。要避免具體主義、權力及驕傲的試探，他要活在盼望、活潑接收及責任分擔的視域中。這在在意味他要成爲一個默觀的人。基督徒的生命不應分割爲行動及默觀。眞正的社會行動是一種默觀方式，而眞正的默觀是社會行動的核心。總括來說，行動與默觀是事實的兩面，讓人得以成爲改革的推動者。

因此，只有軍區政委與瑜珈的結合，才能讓人們成爲眞正的社會改革推動者，並且避免掉進操控欲的陷阱中。只有這種結合，才能讓我們超越所有政治、社會及經濟的發展，因而讓我們永遠清醒、恆常等候新世界的降臨。基督徒不斷批判他所身處的社會，並且不斷强調個人及世界轉化的需要，才算得上是基督徒。基督徒拒絕讓自己或任何人躲於安樂窩，才算得上是基督徒。他不滿足於**社會現狀**，相信自己在新世界降臨的實現過程中扮演了一個重要角色，即使他說不出那世界怎樣才會出現。基督徒不斷對所遇見的人述說，天國的福音要傳遍天下，向萬民作見證（太二十四13），才算得上是基督徒。基督徒活著，不斷尋找新秩序，卻不製造分裂；尋找新架構，好讓人人握手言歡；尋找新生命，讓團結、和平長存。他不會容許他的鄰舍停止行動、失去勇氣、或沈醉於每天他可以抓緊的微細逸樂中。他會爲了自己及他人的自滿而惱怒，因他絕對肯定，某些重大的事將要發生，而他已看見一線亮光。他相信，這世界不單要過去，也必須過去，好讓新世界誕生。他相信，終此一生，不應該以爲已經無事可爲而可以休息片刻。但看不見他所期望的結果時，他不會沮喪，因爲在他一切工作

中，他不斷聽到那坐寶座的說：「我將一切都更新了。」（啟二十一5）

第五章

超越保護作用的禮儀

慶祝

順服地接納生命

前言

一九七〇年一月，德薩斯州達拉斯市珀金斯神學院(Perkins School of Theology)的神學生在學期間參與了一個題爲「教會與文化使命」的研討會。會後，由芝加哥基督教協進會(Ecumenical Institute)負責撰稿，發表了一篇類似信念書的文章，其中有一段頗堪細味：

> 站立在這莫測的奧祕前，人類驚覺他只能活一次，他自己生命僅有的一次機會。要接受這事實，並活出生命，就當接受恩典，發掘整個生命的眞善美。我們若能棄絶幻想，不再以爲生命還有其他方式，我們便發現一切生命的奧祕——凡棄絶生命的，必得著生命。我們這羣人稱上述爲「耶穌基督事件」，並嘗試以聖經人物的信息糾正我們的世代……
>
> (Bimonthly Newsletter of the Ecumenical

Institute, Vol. IV, No. 3, Jan ~ Feb, 1970, p.3.)

這强而有力的信息清楚表明，牧者是個挑戰人們去**慶祝**生命的人，叫我們離棄宿命論及絕望的念頭，明白我們應當在只可以活一次的生命中，不斷察驗神在我們身上的作爲。對人類來說，這種慶祝怎樣才可能出現？我們的生活在黑暗的兩端間搖擺。我們從誕生的黑暗中躊躇而來，逐漸消失於死亡的黑暗中。我們從塵土歸於塵土，從不可知歸於不可知，從幽祕歸於幽祕。我們竭力在幼繩上保持命懸一線的平衡，卻從未看見或理解過繩子決定性的兩端的眞相。不可見的現實包圍著我們，佔據我們生命的每一部分，有時甚至使我們驚懼，但同時它卻是解開我們生命之謎的鑰匙。

基督徒牧者的使命，就是讓人們敢於面對人類處境，並能夠在這使人驚懼的現實境況中慶祝生命。

然而，我們若完全不明白生命的終極期限及中間所發生事情的完整意義，我們如何慶祝生命？情況是如此曖昧模糊，慶祝似乎是毫不適切的回應。即使我們想慶祝生命，誰可以給我們引路，成就我們的盼望？我們若嘗試發掘慶祝與屬靈生命之間的關係，這些都是極之重要的問題。因此，在這章中，我想提出兩個問題：怎樣慶祝生命？誰能幫助我們慶祝生命？

怎樣慶祝生命？

談到慶祝，我們很容易便聯想到快樂、愉快、歡欣的節期，我們可以忘記生活困境一會兒，讓自己沈醉於音樂、舞蹈、美酒、笑聲及好些溫馨、寫意的閒談中。但基督徒意識中的慶祝卻不是這樣的一回事。只有在人們深深體會到「生與死是不能完全劃分」時，慶祝才會變得可行。只有在恐懼與愛心、歡樂與苦痛、眼淚與微笑一起並存的地方，慶祝才可能眞正出現。慶祝是對生命的接納，並愈來愈體會它的寶貴。生命的寶貴，不單在於它可以被遇見、被觸摸、被品嘗，也在於它會在某一天消失。婚禮中，我們慶祝結合，同時也慶祝分離。喪禮中，我們慶祝友誼的消逝，同時也慶祝重獲自由。因此，無怪乎婚禮後有眼淚，喪禮後有微笑。其實，只要我們深深體會到生與死並非相互對敵，相反地，兩者在我們生存的每一刻間互相擁吻，我們大可以讓苦痛，如同歡樂般，成爲我們慶祝生命的一部分。我們出生了，可以憑自己自由呼吸，卻失去了在母親體內的安穩；我們上學去，可以自由地參與一個更大的社羣，卻失去了在家庭中獨特的位置；結婚了，找到一個新伴侶，卻失去了與雙親的特殊維繫；工作了，可以因賺了錢而贏取到獨立，卻失去了從老師與同學而來的激動；生了孩子，我們發現一個新世界，卻失去了行動的自由；升職了，我們在別人眼中更形重要，卻失去了很多冒險的機會；退休了，我們終於可以作自己想作的，卻失去被別人需要的支持。要是我們能夠在這些得與失的決定性時刻——就是，生與死相遇的時刻，慶祝生命，我們甚至可以慶祝自己的死亡，因爲我們已從生命中學會了：凡喪掉生命的，必得著生命（參太十六25）。

能夠慶祝生命的人，可以避免尋找純粹歡樂或純粹痛苦的試探。生命並不是以防潮玻璃紙包裝、不受感染的。慶祝的相反，是逃避現實，不能夠完全接納生命的整體複雜性。要是我們想知道，這種接納是甚麼意思，我們得細看「接納」的三個主要元素：肯定、回憶及期待。

1 肯定

首先，慶祝是完全肯定自己目前的光景。我們可以萬般清醒地說：我們在此，此時此地，境況就是如此。我們必須臨在於此刻，才可能眞正去慶祝。說得清楚一點，很大程度上，我們已失卻了活在此刻的能力。許多所謂「慶祝」，不過是煩瑣的籌備工作與沈悶的會後交談之間的痛苦時刻。除非此刻**有**些值得慶祝的事情，我們才可能慶祝。我們不可能慶祝聖誕節，要是此時此地沒有新生；我們不可能慶祝復活節，要是沒有可見的新生命；我們不可能慶祝五旬節，要是沒有聖靈降臨。慶祝，是確認那兒有些事情，須要被人看見，以致我們全都可以對它說：「是的。」

在一個稱為「**這一代**」(now generation)的團契的默想聚會中，我找到一個美麗的例子，見證以上所言。年青人見面，相聚數小時，努力關注對方，並體會這相聚的寶貴。但這是何等困難的事情。人總是被種種想法、意見所淹沒，拖離此時此地的自己，擔憂成千上萬的瑣碎小事，根本無法踏出一步、呼吸一下。你發覺自己正在擔憂未完成的論文、明天的計劃，或上一次的交談。你發覺自己正在查問成千上萬沒有答案的問題，注視成千上萬看不見的圖畫。你並不在你身處之地，卻置身某個你不想到的地方。但在你有能力，緩慢而細心地從思緒中趕走所有不受歡迎的擅進者時，你會察覺有些東西正在等候著你，是你未曾留意的，就是你眞正對自己的專注。同時你也察覺，你也可以對同在的人專注，因他知道他的經驗可以從你處得著共鳴，並願意向你展示他專注於自己時所發現的。

一起禱告的眞正意義由此變得明顯。它並不是意味一起憂慮，而是以一個很眞實的方式彼此專注。於是一切變得可行：人們可以分享意念，因那確實是自己的意念；可以溝通感受，因它眞實存在；可以談論所關注的，因它傷害我們，我們一同感受到靈魂深處的劇痛。於是，意向的明確表達，不再是我們在衆多問題中的一個隨意選擇。相反地，我們嘗試把此時此刻的自己，向他人開放，並致力彼此專注。於是，我們首先要求對方的，不是去解決困難或幫個忙，而是在經歷生命的衆多方式中，彼此肯定。這引發羣體的成形，羣體成了值得慶祝的現實眞相，這現實肯定了我們身處的羣體的多面化。

2 回憶

然而，如果現在的生命與過去不是有意義地連結起來，沒有人可以慶祝現在的生命。要是過去不被記念爲過去，現在也不可能被經歷爲現在。一個沒有過去的人，也不可能慶祝現在，並接受他的生命是眞正屬於自己的。

不多久以前，我載了一個截順風車的人，他告訴我，在一次嚴重的意外後，他失去了記憶力，完全忘了過去十年在他身上所發生的事。他回到他居住的小鎮時，每件事物對他來說都彷似新的，對眼前的房子及經過的街道，毫無感覺、意見或看法可言。朋友成了陌生人，他所作過的事，與他沒有絲毫關係。他成了沒有過去的人，因而也無法賦予現在的經歷一些意義。

人們與自己過去的聯繫方式，對他們的生命經歷來說，是很重要的。過去，可以成爲監牢，使你自覺永遠受困；也可以成爲一個恆常自稱自讚的理由。過去，可以使你深感羞恥、內疚，但也可以是驕傲與自滿的因由。有些人會懊悔地說：「要是我可以再活一次，我肯定不會這樣作。」別的人卻會自負地說：「你可能覺得我是個糟老頭子，但你看看那邊的獎狀，全都是我年輕時贏回來的。」導致人類快樂及痛苦的其中一個主要根源，便是回憶。若果我們想慶祝現在，實在不可能把自己從過去的歷史中割裂出來。相反，歷史是一連串的事件，把我們載送到此時此地；審視歷史，有助我們明白身處此時此境的意義。

懂得慶祝生命的人，不會使過去成爲自己的監牢或驕傲的根源，反而會面對歷史的眞相，完全接受它，宣稱這是屬乎自己的經驗。

在安息禮拜中，我們悼念比我們早一步離開的人；我們所作的，遠超於敬虔地思念已去世的家人或朋友；我們體會，自己正站在歷史洪流中，我們能夠肯定自己當下的境況，是基於承認先前無數人活出**他們的**生命，引領我們到達此時此地，好讓我們得著機會，活出**自己的**生命。

3 期待

然而，除了肯定生命、回憶生命，慶祝也充滿了對未來的期望。要是過去等於一切，人年紀愈大，只會愈自我拘禁。要是現在就是最大的滿足，人只會陷溺於享樂主義的生活中，努力從現在壓榨出最後一滴生命。但現在蘊含應許，延伸至生命的盡頭。這容許我們在慶祝的時刻，擁抱我們的過去及未來。

最近這眞理藉一次痛苦的經歷，再次猛然衝擊我。去年一月，我的一位朋友在突尼斯逝世。他去了當地數月，幫助那些經歷了一次嚴重水災的災民。他的雙親是單純的農人，居於一條小村落，對他期望殷殷，因爲他是家中的第一個大學生。對村裏大多數人來說，他死於一個從未聽聞過的遙遠國家。他的死，使家人及朋友癱瘓無助，更震撼了整個城鎮。

那是最恐怖的一星期，只有一紙荒謬的電報，帶來教人難以置信的消息。但屍體運回來後，送進了村落，這學生的死亡卻成了值得慶祝的事。他臨終前的善行，是可以被肯定的；人們記念他的過去，視之爲一連串引致悲劇意外的事件。但我深信，在這年輕人屍體的周圍，必然有新生命的誕生，這樣才值得眞正的慶祝。突然間，人們明白爲他人獻出生命的意義；從未聽聞過突尼斯的男男女女，開始講及這地方，並且問及，那些樣子特別的回教徒是甚麼樣的人；從城市來的人，遇見住在鄉村的人，成了朋友。屍體埋葬後，人們開始發覺，他們的世界擴闊了，他們的想法更寬廣，見解更深刻。眞的，現在使未來蘊含盼望。數月後，形勢更形清晰，許多學生計劃前往當地，接續他們的朋友已開展了的工作。

因此慶祝就是肯定現在，並通過記取過去，期待將來。然而，富有這種意義的慶祝很少出現。人們極難眞正接受自己的生命。大多數時候，人們否認現在，埋怨過去，視未來爲繼續沮喪、冷淡的藉口。

耶穌來，爲要拯救世人；祂來，把我們從時間的限制中釋放出來。因著耶穌，我們清楚知道，無論何時何地，神與我們同在，而且，我們不須要忘記或否定我們的過去，而是去記取及原諒它；我們仍然在等候祂的降臨，向我們啟示未知的一面。耶穌離開使徒時，賜下餅和酒，記念祂所行的，直等到祂再回來。「聖餐」一詞，意思是感恩，表達一種接受生命的方式，在其中過去與未來在此刻連結起來。感恩是一種生活方式，容讓人眞正慶祝生命。通常，這種以聖餐形式的生命慶典，都在正式籌劃以外出現。聖餐禮拜中，人們有時可以眞正慶祝生命，但大多數時間都不成。或許，我們要敏銳一些，在沒有人談及聖餐的改革或轉變的地方，生命卻在聖餐最深刻的意義中得到完全肯定。

誰能幫助我們慶祝

在我們開始探討怎樣的牧者能夠幫助人慶祝生命時，我們必須面對一個事實，活在現今的文化中，人要慶祝生命，是難乎其難的事。基督教邀請人們去慶祝生命、接受自己的生命爲惟一擁有的生命、並要活出它及接受它的美善，這邀請似乎成了現代人所面對難度最高的挑戰。

在我們的文化中，耶穌所說的：「不要爲明天憂慮，明天自有明天的憂慮。」（太六34）聽來美麗而浪漫，但完全不切實際。我們活在一個如此功利社會中，連我們最親密的時刻也受到質詢：「這爲了甚麼目的？」

現代人不是單純地吃喝，而是參與商務午餐及籌款晚宴；他不是單純地騎馬或游泳，他會邀請同伴，在馬背上或泳池裏談點兒生意。他不是單純地做些運動舒展筋骨，或聽些好歌，他更置身於運動與音樂的龐大工業中。現代人不斷相信眞實的事會在明天發生。在這種生活中，「過去」退化爲一連串有用或誤用了的機會，「現在」則淪爲對成就恆常的關注，而「未來」就成了一個「遂願」的樂園，在這樂園裏人們希望最終得到他一直渴望的，但基本上他們疑惑樂園的存在與否。

這樣的生命是無法被慶祝的，因爲我們恆常關注，如何把它改變，努力在其中作些甚麼，和從中得出一些甚麼，令它適切我們衆多的計劃及方案。我們出席會議、會談、辯論大會，批判自己的角色，討論怎樣在未來做得更好，擔心我們的偉大設計能否落實執行。

我們的文化是一個工作、追趕、憂慮的文化，充滿機會，卻沒有慶祝生命的餘地。

如以上所言屬實，我們不得不懷疑，我們的文化到底是怎樣基督化的。值得注意的，是最早及最強烈反對這種生活方式的人，並非來自教會，而是來自許多生活在我們社會邊緣的人，他們嘗試使西奧多・羅斯扎克(Theodore Roszak)所說的「另類文化」成形。在這種對科技化社會的幼嫩反動中，我們找到一些眞實可靠的元素來慶祝生命。在那些宣告新的另類文化聲音中，我們可能聽到一些對基督徒來說耳熟能詳的話。羅斯扎克寫道：

> 另類文化的基本計劃，是去宣告一個新天新地，是如此廣闊、如此奇妙，以致過分堅持科技的看法，必須從生活中一個堂皇威嚴的位置，退至從屬邊緣的地位。我們一定要預備好面對那駭人的可能性：異象變得奇幻璀燦，古代對科學的敵視復生，

> 我們的生活因而轉變，與我們客觀理性良知所能盛載相比，顯得更偉大，或許更教人戰兢，但肯定更富冒險性。
>
> (*The Making of a Counter-Culture,* Anchor Books, Doubleday, New York, 1969, p. 240.)

這宣告了一個可以慶祝的新生命。但牧者可以作些甚麼？雖然教堂裏仍然坐著許多虔誠的人，但會衆中卻沒有另類文化的倡導者。只要牧者仍然局限於以主日來紓緩一個星期的苦楚，他的牧養、傳道、輔導及策劃，都不過是服事著未可慶祝的生命。

但若果他想帶出通往慶祝的道路，便得成爲一個特別的人。他要成爲一個順服的人，容讓自己被所聽見的聲音引導。他要順服於大自然的呼聲、人羣的呼聲及上帝的呼聲。

因此，讓我們從順服的角度，審視慶祝生命的屬靈素質。

1 順服大自然的呼聲

想幫助他人去慶祝生命，首先得順服大自然的呼聲，把大自然的信息繙譯給同伴聽。或許我們從這兒的印第安人身上可以有許多學習。我們似乎過於關心怎樣操控大自然，以致聽不到樹木、雀鳥、花朵的聲音。其實他們正不斷告訴我們，關乎我們生命的狀態、美麗及生死存留等信息。

一個溫頓印第安人(Wintu Indian)說：

> 白人從不關心土地、鹿或熊。我們印第安人殺了動物，全隻都吃掉。我們掘樹根、只掘些小洞……只搖下橡子及松子。我們不會砍下整棵樹，只會用些枯乾的樹木。但白人翻起泥土，拔起整棵樹，殺掉所有東西。樹木說：「不要這樣，我很痛，不要傷害我。」但他們砍下它，鋸成一塊塊。土地的精靈憎恨他們……印第安人從不傷害任何東西，但白人破壞一切。
>
> （同上，頁245）

印第安人知道，他要日漸成爲大自然的一部分，成爲所有生物的弟兄，才可以在這世界中找到自己眞正的位置。就是他的藝術作品，都順服於大自然。他造出人與動物的面孔融合的面具，和以蔬菜，如葫蘆，爲模型的陶器。大自然教導他各種可以用雙手製作出來的樣式。

多個世紀以來，尋索生命意義的人都力求生活得接近大自然，這是不難理解的。例子不單包括古遠的聖本篤(St. Benedict)、聖法蘭西斯(St. Francis)、聖布諾(St. Bruno)，甚至近如住在肯塔基州樹林的梅頓(Thomas Merton)，還有那些本篤會(Benedictine)修士，他們把修道院建在新墨西哥州一與世隔絕峽谷中。怪不得許多年輕人離開城市，去到郊外，盼望在聆聽大自然聲音中找到平安。大自然眞的在說話：聖法蘭西斯的雀鳥、印第安人的樹木、釋達多的河流。我們愈接近大自然，也就在慶祝生命時愈觸摸到生命的核心。大自然使我們覺察生命的寶貴；它告訴我們這道理，不單因它如此，也因它不是必然如此。

我記得曾經有段日子，天天如是的坐在一間沈悶的餐廳內同一位置吃午餐。桌子中央有個細小的花瓶，插了一朵嬌艷的紅玫瑰，我憐惜地看著玫瑰，欣賞它的美麗。每一天，我與我的玫瑰交談。然後我開始懷疑，即使我們的情緒在一星期間不斷起伏，從快樂到憂愁，從失望到憤怒，從精力充沛到疲累冷漠，我的玫瑰絲毫不變。疑惑驅使下，我伸出指頭摸摸它，原來是塑膠製成品。我深感憤怒，從此以後不再到那兒吃飯。

我們不可能與塑膠製的大自然溝通，因它不能告訴我們關乎生與死的眞實故事。但要是我們對大自然的聲音敏銳，我們可能會聽到另一世界的呼聲，在那裏人與大自然都找到自己的位置。若果聖餐中的餅和酒沒有讓我們明白，其實整個大自然是一個超乎自身的聖禮，我們永不會明白餅和酒的聖禮象徵。我們若不能意識到基督在所有生活、動作、存留上的臨在，基督在聖餐的臨在也成爲「特殊問題」。主日慶祝，要成爲眞正的慶祝、必須能完全提醒我們，叫我們天天留意身邊的事。餅不止於餅，酒不止於酒，而是上帝與我們同在；不是一星期一次的孤立事件，而是整個大自然晝夜述說的奧祕的焦點。

因此，浪費食物是罪，不單因世上還有許多飢餓的人，更因它觸犯了「凡吃喝皆聖禮」的罪。但若果我們對環繞我們的聲音越發警覺，並對大自然越發尊重及崇敬，我們才會有可能眞正關心嵌在大自然中的人，視他們如金指環上的藍寶石。

2 順服他人

對那些想引領他人慶祝生命的人而言，順服他人遠比順服大自然來得重要。一個懂得眞正聆聽的人，能夠體察他人對慶祝的期望及恐懼。慶祝要求人們願意被環繞他的奧祕及其偉大所鼓動，並因而狂喜，但很多喜歡眞正接觸到自己存在根源的人，都有一種深藏的焦慮，害怕被它所吞噬，失去了自己原有的身分角色。沒有太陽，人就不能存活，但他知道，太接近它，他也會被熔化。因著害怕被完全吞噬，實用、功利的人會在自己與自己的存在根源中間，建一堵厚牆。但這堵厚牆註定了他要過淒冷、疏離的生活。他淸楚知道這點，因此要求牧者，爲他提供一個眞正參與生命的方式，以爲牧者應該知道怎樣接近太陽而不被吞噬。

羅扎克表達這深刻的人類經驗時，寫道：

> 最後，眞相一定要被參與、看見、觸摸、呼吸，人們要確信，這就是我們存在的終極根據，它向所有人敞開，能夠以尊榮使每個願意開放自己的人，更爲尊貴。單單參與這行列——在經驗中而非僅僅在政治中——可以保障每個人的尊嚴及自主。那些古怪的年輕人，戴著牛鈴或原始辟邪物，走向公園或曠野，即席舉行看來怪異的羣體儀式，其實是想超越這標榜專業的文化，尋求民主的根基。
>
> （同上，頁265）

但那許多年輕人所作的，其實是每個人的共同欲望：盡可能把生命活得淋漓盡緻。牧者的挑戰是，要指示人當行的路。人們仰視他，認爲他比其他人與這眞理更緊密相繫，那不是一種個人特權，而是要與他人分享的特殊禮物。羅扎克描述薩滿敎僧侶時，他同時描述了每個牧者理應提供的事奉：就像「藝術家，把工作在羣衆面前鋪陳出來，期望通過它，就像通過一道窗戶，敎所有關注的人見證他所領悟的眞理。」（同上，頁260）

通過禮儀的參與，羣衆可以看見、感受、觸摸及完全經歷牧者爲他們所發掘的眞理，而不懼被吞噬。羅扎克說：「禮儀是（牧者）宣揚異象的方法，是教導式的奉獻。要是（牧者的）工作是成功了，人們關注的是怎樣捍衛自己所持定的立場，即使它沒有甚麼捍衛價值。過了片時，只見人們竭力說服自己及他人，接納一些在開始時自己也不敢堅持的見解，這些見解不過是參與思想交流中一種猶豫的嘗試。接著，學生期望老師說出誰値多少分。這與在學術存亡之戰中對敵，又有何分別？在這情況下，誰願意成爲不堪一擊的弱者？更重要的，誰能從這種方式中有所學習？

2 單向

「壓迫式教學法」的第二個特徵：基本上是單向的流程。即使衆多討論方法均主張人們可以彼此學習，其實揭穿了不過是一種較易爲人接受的手法，藉以傳遞某種確定的信息，或推銷所謂不能或缺的產品而已。當形形色色的討論被證實與廉價的宣傳技倆無異，學生很快便感到厭煩，埋怨學不到甚麼，寧取直接的講授，最低限度他們不須要看其他參考書籍。

在種種教學法背後，存在一個普遍的假設：有些學生表現出色，有些則不然。整個遊戲的目的，就是拉近兩者的距離。達到這理想後，老師不再被視爲老師，學生也不再是學生；他們可以分手，回憶裏僅餘下是是非非，好作日後談笑之用。

在這情況下，教師是强者：他應該是掌握知識的那一位。學生卻是弱者：他茫無所知也應該渴望這種恐懼使很多學生對老師及朋友的反應過敏，使他們在人際關係上極度自覺及自我保護，經常擔心有可能失敗，對需要冒險及處理計劃以外的事會猶豫不決。這種恐懼時常未經同意便成了他們所想、所說、所寫的一切的主人。透過這種恐懼，爭競明顯地妨礙了學生整全人格的自由發展。

爲了解釋現時教育制度如何瀰漫著爭競的氣氛，我且詳細檢視其中一種教導方式——課堂討論。驟眼看來，它的競爭程度已是最低的了。

走進今天任何大專院校的課室，你會察覺課堂討論已成了現代教育的重要一環。背後的假設是：通過討論，學生所學到的較吸收現成材料爲多。

但眞的如此？細心分析一下討論過程，其實正在進行著一場智能戰爭，人們的思想在離去時較開始前更爲封閉。學生圍坐桌前，無論是向老師提問，或向他人陳述自己的理念或見解，都似手持步槍的士兵，多於彼此握手言歡的朋友。

過程通常是這樣進行：在討論開始時，學生對將要討論的題目其實所知不多。一方面他想加深認識；另一方面，卻恐懼表現無知。一旦有人發表意見，最普遍的反應不是撫心自問：「我怎樣才可以更明瞭**他**的見解？」而是：「**我**的見解是甚麼？」因此，沈默大多意味著人們正在準備答案，而不是思考別人的看法。等到兩三種或更多的意見發表的，羣衆的眞理意識會變得高昂。」（同上，頁260）把牧者與上帝奧祕的接近，視爲特權而非責任；又或把他的使命變成特殊身分，並使他的事奉變成剝削他人的企業，都是極大的試探。要是牧者眞的能夠順服他人，便能體會到人們深切的渴求：要看牧者所看見的、聽他所聽見的、觸摸他所觸摸的、拆掉那分隔人和那「不可見」的宇宙眞相的牆。然後，牧者會不斷尋索諸般方式與途徑，以禮儀、詩歌、舞蹈及表情，讓人們坦然無懼地與至聖者進行扣人心弦的接觸。然後，他才可能使他的弟兄拆掉四周的屏障，自由地慶祝生命。

3 順服神

但牧者是否擁有一些特殊禮物，可以與人分享？他有沒有特定異象，幫助其他人得以看見？他眞的比其他人更接近存在的根源？更深刻地知道、體會到及看見人類被囚，但卻渴望得自由的光景？

如果答案是否定的，我們大可以質疑他能否幫助人慶祝生命。如果帶領人們去接觸上帝奧祕核心的人，是盲目的、迷路的，又或者害怕接近上帝的寶座，又怎會有成功的可能？

「按立」的意義就是體會及肯定以下的事實：一個已經跨過恐懼之牆的人，住在與萬物之上帝的親密相交中，心裏火熱，渴想向其他人展示通往祂的路。按立沒有使任何人成就任何事，只是莊嚴地確定這事實：這人可以順服上帝，聽到祂的聲音，明白祂的呼召，向其他人指示通往相同經歷的道路。因此，那希望引領他人去慶祝生命的人，必然是個祈禱的人。只有祈禱的人，才能帶領他人去慶祝生命，因爲每個與他接觸的人，都覺察他力量的來源，雖然他們不易尋見，但他們知道，這力量是何等强大深遠。那給了他某程度獨立的自由，不是專權或遙不可及的。相反，這自由使他超越了身邊的人的即時需要及最急切的欲望。他深深被身邊所發生的事感動了，但他沒有讓自己被他們所壓碎。他專注地聽，說話時帶著一種不需證明的權威，不輕易激動或緊張。他所說的話或所作的事，表明了他擁有指引生命方向的異象，而他正順服這異象。這異象教他清晰地分辨出事情的輕重。對那些激動人心的事情，他並非毫不敏銳，但他從異象的角度去看人們的需要，卻是個完全不同的衡量角度。人們聽從他時，他快樂而怡然自得，卻不想結黨。他不會把自己單單聯繫於任何人。即使他所說的是明顯不過、具說服力時，他也不會把意見强加於任何人身上。人們不接受他的意見或不完成他的意願時，他也不會惱怒。這一切證明他看到異象的寶貴，他也奮力使它成眞。

然而，在這理想中他有一種內在的自由。他知道他不會看到目標的實現，他看自己不過是個指導者。面對自己的生命，他是出奇地自由。他的行爲明顯地見證了他看自己的存在爲次要的。他不是爲了保持生存而生活，而是爲了建立一個新世界而活。因爲他已看到新世界最初的影象，吸引異常，教他置生死於度外。這人不但可以慶祝生命，更令其他人也渴慕同樣作。

這樣，我們看到了有意作個慶祝生命的工人的三個特徵：順服大自然、順服他人及順服神。除了耶穌以外，沒有人可以宣稱自己是這樣一個慶祝生命的人。因爲只有耶穌順服神，以至於死，且死在十字架上。在十字架上，通過完全順服的行徑，他征服了死亡，重得生命，成爲名副其實的生命慶祝者。這樣，任何一個自稱牧者的人，只可視自己爲基督的微弱反照；祂在十字架上捨棄生命，把生命向所有人敞開，呼召他們去慶祝生命，同作天父的兒女。

結語

這一章的要點，是指出慶祝生命的人的基本條件，是對上帝及創造的順服。要是牧者宣稱，他渴想其他人能透過肯定、回憶及期待，以致完全接納自己的生命，那麼，他的挑戰是作生命的僕人，能聆聽大自然、他人及上帝的聲音，並把所聽見的，向那些想參與他慶祝行動的人宣告。

通過慶祝，我們進入天國，但耶穌說：「你們若不回轉像小孩，就不能進天國。」（太十八3）只有通過像孩子般的順服，生命變成通往天國的道路。要是你曾經在大峽谷的邊緣向上帝擘餅及舉杯，便會經歷到，通過謙卑，我們得著自由時，我們才可能眞正慶祝生命。我們只是歷史的一小部分，在短暫的生命中存活，但當我們把作工所結的果子放在手上，並向上帝張開雙手，深信祂必垂聽我們，並接受我們的禮物，然後我們才明白，整個生命是賜給我們來慶祝的。

結論

I WAS THIRSTY
& YOU GAVE ME
A DRINK
CARED
FOR ME
NAKED
AND YOU
CLOTHED
ME
IMPRISONED AND
YOU CAME
TO ME
FOR I WAS HUNGRY
& YOU FED ME

事奉的屬靈素質

要是福音中有任何句子，以菁華的方式來表達出我在這五章所努力講說的，應該是耶穌在死前一日向門徒所說的：「人爲朋友捨命，沒有比這更大的愛。」（約十五13）

對我來說，這句子總結了所有基督徒事奉的意義。要是教導、傳道、個別關顧、策劃及慶祝是超專業的事奉，正確的原因是，事奉要求牧者在這些行動中爲朋友捨棄自己的生命。通過長時間的訓練，很多人已在理解人類行爲方面達到高水準的表現，但很少人願意爲朋友捨命，並使自己的弱點成爲創作力的來源。對很多人來說，專業訓練代表權力。但那脫下衣服、爲朋友洗腳的牧者，卻是無權無勢的。他所受的訓練及塑造，目的是讓他可以無懼於面對自己的弱點，並使弱點向其他人敞開。正正是這活潑的弱點，給他事奉的動力。

老師超越了僅僅傳遞知識的層次，願意向學生交出自己的生命經歷時，那使人癱瘓的焦慮便得以除去，帶來全新使人得到釋放的省悟，並真正的學習，教導便成爲事奉。傳道人若超越了僅僅「複述故事」，而把最深處的自我向他的聆聽者敞開，讓他們能夠接收到神的話語，傳道便成爲事奉。若那有意幫助人的，能夠超越了「施與受」的仔細平衡，願意以自己的生命作冒險，即使他自己的名字及聲譽都受到威脅，卻仍忠於受苦的弟兄時，個人關顧便成爲事奉。若那策劃者超越了對具體實效的渴求，對所處的世界抱有永不動搖的期望，等候完全的更新時，策劃便成爲事奉。若那慶祝者超越具保護作用的禮儀規限，順服地接納生命，視之爲禮物時，慶祝便成爲事奉。

雖然缺乏了仔細的準備功夫及足夠的才幹，事奉工作未必可以完成，但若果這才幹不是建基於捨棄自己生命、服事他人的絕對委身上，事奉也根本稱不上事奉。事奉意味著不斷努力把自己對上帝的尋索，包括所有痛苦與喜樂、絕望與盼望的時刻，交付那些也想加入這尋索的行列、但不知怎樣作的人。因此，無論如何，事奉不是特權；相反，事奉是基督徒生命的核心。不事奉的話，基督徒不可能是基督徒。除了本書所討論的五種事奉形式外，在按立牧者的日常生活中，還塡滿了不勝枚舉的事奉工作，但無論基督徒事奉是以任何形式進行，基礎仍然不變：「人爲朋友捨命。」

但爲甚麼人要爲朋友捨命？這問題只有一個答

案：帶來新生命。事奉的所有作用，都是爲了叫人得生命。無論他作的是教導、傳道、輔導、策劃或慶祝，他的目的都是爲了開拓新的視域，揭示新的洞見，加添新的力量，掙脫死亡與毀滅的捆鎖，建立可以被肯定的新生命。一言以蔽之，使他的弱點成爲更新的起始點。

因此，若有人想作牧者，他要樂於誇自己的軟弱，好叫基督的能力覆庇他，因他甚麼時候軟弱，甚麼時刻就剛强了。（參保羅：林後十二9～10）

然而，雖然世人實在很需要這樣的事奉，才可以眞實地生活下去，但對許多人來說，基督教似乎未能提供這不容或缺的事奉，以致人們暴露在世上日漸毀滅的危機中，在他們短暫的人生歷程裏目睹對生命最殘酷無情的摧毀。他們聽過耶穌和門徒的生平，但他們疑惑，這故事與原子能的世紀有何相干。他們聽聞，在人類偉大的歷史中，他們的生命其實扮演了深具意義的角色，通過基督的死亡，救贖愈來愈淸晰可見；但事實上，他們所見，不過是不斷升級的戰爭、饑荒、殘暴及對環境盲目的摧殘。他們聽到安慰說，生命不在今生終止，還會在另一世界延續，但他們的問題是：還有甚麼值得延續下去？甚至就是「明天」、「下星期」、「明年」或「後來」等字眼也失卻意義；這世界不但可以殺人，更可以毀滅他的歷史，究竟相信在那模糊的未來，會有一個新生命，意義何在？

或許基督徒事奉中顯而易見的危機，是由於現代人暴露在無數駭人及極度矛盾的經驗及理念下，無法在他的過去找到有意義的根據及對未來有甚麼期望。羅伯特・傑科・利夫頓(Robert Jay Lifton)談到「全世界普遍意識到的……歷史移位」，他描述爲「一個割裂的意識，就是人們與一向維繫他們文化傳統的重要養料——如家庭、思想體系、宗教及一般的生活模式等符號出現割裂。」(“Protean Man”, *Partisan Review,* 1986, p.16.)

然而若果我們身處原子能時代——它不僅能夠毀滅個人及家庭，更包括整個文化及歷史，整個國家及它重生的機會——許多人，已對基督徒事奉失卻信心，問題是，我們是否已完全明白，在今天爲朋友捨命的意義。

或許，我們應該超越制度化的教會，探討這呼召的完整含義，因爲今天無數年輕人以敬虔的心情再次談及專注、默想、默觀等課題，但他們卻從未想過上教堂或尋找基督教牧者的輔導。他們嘗試千百種方法，去突破迷惘與不安，要在自己的經歷中找到些東西，好超越自己的有限意識。他們嘗試新的相互聯繫方法、新的非暴力溝通方式、新的進路去體驗合一、新的相互關顧手法、新的慶祝生命嘗試。他們不但從基督教傳統借取符號，更旁及佛教及印度教。他們嘗試以鮮花、燒香及迷幻藥等自然及人工刺激物來提高自己的敏感度。他們集結成社羣、分享物資、閱讀、歌唱及說預言來經歷一種新的自由意識。

教堂一年比一年空洞，但人們卻在基督教的邊緣尋找新的事奉形式。新的教導、傳道、關顧、策劃及慶祝方式，在很多現代城市的地下室湧現。這並不是誇張之言。在這紛亂的世界中，我們愈來愈警覺到徹底毀滅的持久威脅，拚命企求一種新的「屬靈生命」，切合人們對意義的尋索。利夫頓描述這種新的屬靈生命爲「經驗超越的途徑——以神祕的方法，通過深刻而劇烈的通靈術，時間與死亡在果效上已消失了，好尋找永生的意識。」（同上，頁27）

教人傷痛的是，在破落文化的頹垣敗瓦中，我們知道很少牧者能以基督教豐富而充滿奧祕的傳統，爲這尋找新生命的一代，提供再生的根源。或許，自我意識、對排斥的畏懼、對教會紛爭的成見，阻止了我們自由地經歷聖靈的臨在，經歷我們的內心及我們置身世界的更新。或許，對世上無數嘗試冒險接觸那不可見勢力的人而言，我們未能及時給予所需的引導。或許，我們自己已失卻與這能力的接觸，惟有把那錯縱複雜的故事視爲怪誕、危險及不成熟的表徵。但我恐怕，這許多明顯的錯失及不智的實驗使我們目眩，看不見背後其實是人們對新省悟、新理解，還有最重要的，是對新生命的深切渴求。

以我對年輕學生的個人感受及有限的經驗，我覺得似乎我們正接近一個愈來愈尋求屬靈生命的時代，就是要在我們存在的這一刻經歷神。在過去沒有甚麼給我們抓緊，未來沒有甚麼給我們期望時，人們就必須在此時此地經歷賦予人生命意義的眞相。

一個二十二歲的天主教徒學生，迫切尋求生命的意義，但覺得教會完全不適切他的需要。他對我說：「我們試過毒品，沒有用；試過性，沒有用；下一次，會是自殺，在未來的日子，你會看到自殺的數字狂升。」面對當前不斷轉變的學說，崩潰的政治、社會、宗教體系，持續不斷的戰爭及徹底毀滅的威脅，要站立得穩，惟一可能的回應似乎是重新發掘屬靈生命的超越能力。拿撒勒人耶穌是另一世界的人，現代人要覺得祂很親近，也許極之困難；期望祂再回來的日子，更是難上加難了；然而，我們比過往更能經歷活生生基督的靈，祂能突破我們在被囚中的界線，並使我們能更自由地爲新世界奮鬥。

但這種超越經驗的路向，正是要求牧職的路向。它呼召我們不迴避用心的準備、堅穩的塑造和嚴謹的訓練，並且同時能自由自在地突破學系與專科的嚴格規限，確信聖靈運行在專業之上。它呼召基督徒，願意在自己及他人生命中日漸敏銳神的同在；獻出自己的經歷，作同伴獲得認同及釋放的途徑。它呼召牧者實實在在地爲朋友捨命，幫助他們分辨建立和毀滅的靈，使他們在這瘋狂的世界中，自由地發掘神是賜予生命的靈。這需要活潑而富創意的軟弱。

後語

OR I WAS HUNGRY
YOU FED ME
I WAS THIRSTY
4 YOU GAVE ME
A DRINK
STRANGER
ND YOU
ELCOMED
ME
WAS
CK
ND
CARED
FOR ME
NAKED
AND YOU
CLOTHED
ME
IMPRISONED AND
YOU CAME
TO ME
I WAS THIRSTY
4 YOU GAVE ME
A DRINK

回頭一看我寫此書的方式，我開始覺得這是一本很個人化的書。事實上，我嘗試本於個人經驗的起起伏伏，表達有關事奉的一些意念及感受。我希望透過仔細反思這些經驗，可以給我所問的種種問題一些亮光，循這方向給我一些省悟。

好些人在持續討論基督徒事奉的價值與意義，盼望我的「懺悔」能夠給他們一點幫助。因此，這書的結論不是建議討論的結束，而是討論的開始。事實上，討論已成了此書的一部分，當我把不同篇章給牧者、社會工作者、家長及學生看，我愈來愈發覺他人和我的經驗差別竟是如此之大，他們也無法認同我所闡述的意念。受到如此多問題及批判困擾時，我的即時反應是想重寫此書。然後我明白這是不可能的，因爲我不可能改變自己的過去，而且應該接受個人的限制。我的朋友唐・麥克尼爾(Don McNeill)甚至指出，若我在這書的尾聲鋪陳那些問題與批判，而不是把未經驗證的答案含混在文中，會更實際及更符合我的信念。

教導方面

你所描述的師生關係在大專院校中或許很新鮮，但在小學、中學裏又如何？要是你正爲著教導一班小朋友數學而煩惱，他們根本無法靜下來一分鐘，你整個想法不是變得太浪漫嗎？

傳道方面

根據你所建議的方法，豈不是要作個飽經訓練的心理學家，才可以向他人開放心靈？但對那些要每星期穿起制服的牧者而言，又將如何？你不是有點要求過高嗎？無論如何，直接陳述上帝的話語，受不受歡迎也好，不是比細膩地澄清人們的感受更為重要嗎？

牧者個人關顧方面

我在一間二十人一房間的監獄中作牧師，我探訪他們時，他們爭著與我傾談，要求我為他們提供一些非常具體的幫助——去尋找他們的孩子、探訪他們的妻子、打聽他們的判決時間、找些藥物等。作他們的牧師的意義何在？似乎我不需要即時超越專業服務，來完成四個不同的專業任務。

策劃社會行動方面

要是你在貧民窟中作牧師，你一定不會如此說話。你完全抓不著重點，只是輕輕溫柔地觸及整個課題，在危急的境況中建議不切實際的抽離。

慶祝方面

那些從未身處大自然、也不可能有這樣機會的孩子又如何？數以百萬計住在不斷擴張的城市中的人又如何？他們應該怎樣慶祝生命？

對於這些問題及批判，我沒有答案。毫無疑問，它們清晰地表達了我意念的限制。但我盼望它們揭示出，經驗分享的價值及必需性，正是探索牧職的屬靈素質的進程裏的基本條件。

作　者　簡　介

盧雲(Henri J.M. Nouwen)

原籍荷蘭，著名靈修及牧養神學作家，曾於美國聖母院大學、耶魯大學及哈佛大學之神學院任教多年。一九八五年離開哈佛大學，在法國Trosly的「方舟團體」(L'Arche Community)生活，等候及尋索未來的「召命」。終於受「方舟團體」在加拿大多倫多市以北的「黎明之家」(Daybreak)邀請，自一九八六年起為其牧者，服事家中的弱智人士及職員，直至一九九六年九月安息主懷止。其作品包括《羅馬城的小丑戲》、《心應心》、《始於寧謐處》、《念》、《親愛主，牽我手》、《奉耶穌的名》、《與祢同行》、《鏡外》、《新造的人》、《生命中的耶穌》、《愛中契合》、《黎明路上》、《建立生命的職事》、《負傷的治療者》、《亞當》、《活出有愛的生命》及《盧雲眼中的梅頓》等。

盧 ■ 雲 ■ 著 ■ 作 ■ 一 ■ 覽 ■ 表

Intimacy: Essays in Pastoral Psychology (1969)
《愛中契合》香港：基道，一九九四。

Creative Ministry (1971)
《建立生命的職事》香港：基道，一九九六。

With Open Hands (1972)
《親愛主，牽我手》香港：基道，一九九一。

Thomas Merton: Contemplative Critic (1972)
《盧雲眼中的梅頓》香港：基道，一九九九。

The Wounded Healer (1972)
《負傷的治療者》香港：基道，一九九八。

Aging: The Fulfillment of Life (With Walter Gaffney, 1974)
《生命的頂尖》香港：文藝，一九八〇。
《流金歲月》（新版）香港：文藝，二〇〇九。
《與歲月和好》台北：校園，二〇一五。

Out of Solitude (1974)
《始於寧謐處》香港：基道，一九九一。

Reaching Out (1975)
《從幻想到祈禱》香港：公教，一九八七。

Genesee Diary (1976)

The Living Reminder (1977)
《記憶的治療者：盧雲談服事與禱告》台北：校園，二〇一八。

Clowning in Rome (1979)
《羅馬城的小丑戲》香港：基道，一九九〇。

In Memoriam (1980)
《別了，母親》香港：基道，一九九〇。
《念：別了母親後》（重譯本）香港：基道，二〇〇〇。

The Way of the Heart (1981)

Making All Things New (1981)
《新造的人》香港：基道，一九九二。

A Cry for Mercy (1981)
《頌主慈恩》香港：公教，一九八五。

Compassion (With D. McNeil and D. Morrison, 1982)
《慈心憐憫》香港：基道，二〇一七。

A Letter of Consolation (1982)
《慰父書》台北；光啟出版社。
《念母親：盧雲跟父親談生死》香港：文藝，二〇一七。

Gracias! A Latin American Journal (1983)

Love in a Fearful Land (1985)

Lifesigns: Intimacy, Fecundity and Ecstasy in Christian Perspective (1986)
《愛勝過恐懼》台北：校園，二〇一六。

Behold the Beauty of the Lord (1987)
《盧雲的聖像畫祈禱手記》台北：光啟，二〇一六。

Letters to Marc about Jesus (1988)
《生命中的耶穌》香港：基道，一九九三。

Circles of Love: Daily Readings with Henri J.M. Nouwen (1988)
《愛的漩渦：與盧雲默觀》香港：公教，一九九五。

The Road to Daybreak: A Spiritual Journey (1989)
《黎明路上》香港：基道，一九九五。

Heart Speaks to Heart (1989)
《心應心》香港：基道，一九九一。

Beyond the Mirror (1990)
《鏡外》香港：基道，一九九二。

In the Name of Jesus (1990)
《奉耶穌的名》香港：基道，一九九二。

Walk with Jesus (1990)
《與祢同行》香港：基道，一九九二。

The Return of the Prodigal Son (1992)
《浪子回頭》台北：校園，一九九七。

Life of the Beloved (1992)
《活出有愛的生命》香港：基道，一九九九。

Show Me the Way (1992)

Jesus and Mary: Finding Our Sacred Center (1993)

Our Greatest Gift: A Meditation on Dying and Caring (1994)
《最大的禮物：生與死的靈性關顧》台北：校園，二〇一四。

Here and Now: Living in the Spirit (1994)
《念茲在茲》台北：光啟，二〇〇〇。

With Burning Hearts: A Meditation on Eucharistic Life (1994)
《熾熱的心》台北：光啟，二〇〇一。

The Path of Freedom (1995)

The Path of Power (1995)

The Path of Waiting (1995)

The Path of Peace (1995)

Can You Drink the Cup? (1996)
《你能飲這杯嗎？》台北：上智，一九九九。

The Inner Voice of Love: A Journey through Anguish to Freedom (1996)
《心靈愛語》香港：卓越，一九九七。

Bread for the Journey: A Daybook of Wisdom and Faith (1997)
《心靈麵包》台北：校園，一九九九。

Adam: God's Beloved (1997)
《亞當——神的愛子》香港：基道，一九九九。

Sabbatical Journey: The Final Year (1997)
《安息日誌——秋之旅》香港：基道，二〇〇二。
《安息日誌——冬之旅》香港：基道，二〇〇三。
《安息日誌——春夏之旅》香港：基道，二〇〇三。

The Road to Peace (1998)
《和平路上》香港：基道，二〇〇二。

Finding My Way Home (2001)
《尋找回家路》香港：基道，二〇〇四。

Encounters with Merton: Spiritual Reflections (2004)
《遇見牟敦》台北：光啟，二〇〇七。

Peacework: Prayer, Resistance, Community (2005)
《和平篇章》香港：基道，二〇〇七。

Spiritual Direction (With Michael J. Christensen, Rebecca J. Laird, 2006)
《躺臥在青草地上》香港：宗教教育中心，二〇一六。

Home Tonight: Further Reflections on the Parable of the Prodigal Son (2009)
《回家的渴望：與盧雲一起再思浪子回頭》台北：校園，二〇一七。

Spiritual Formation (With Michael J. Christensen, Rebecca J. Laird, 2010)
《一棵樹栽在溪水旁》香港：宗教教育中心，二〇一六。

Selfless Way of Christ: Downward Mobility and the Spiritual Life (2011)
《向下的移動》台北：校園，二〇一二。

A Spirituality of Living (2011)
《盧雲靈思集·生命中的蒙愛時刻》香港：基道，二〇一八。

A Spirituality of Caregiving (2011)
《盧雲靈思集·關顧，傷癒時刻》香港：基道，二〇一八。

A Spirituality of Homecoming (2013)
《盧雲靈思集·歸心，歸回上帝的時刻》香港：基道，二〇一八。

Discernment: Reading the Signs of Daily Life (With Michael J. Christensen, Rebecca J. Laird, 2013)
《靈心明辨》香港：基道，二〇一五。

緊扣時代 服事教會

以文字傳揚基督真道

讀者意見表

衷心多謝你購買本社書籍。本社一直致力以出版事工服事教會，幫助信徒扎根於神的話語，促進靈命增長。為使我們的出版更能滿足你的需要，請填寫下列各項資料，並寄回或傳真予本社。

所購書籍：__________

本書最吸引你的地方：

☐作者 ☐適切性 ☐文筆 ☐設計 ☐實用性

☐其他：__________

購買本書地點：

☐基道書樓 ☐基督教書店 ☐非基督教書店

性別：☐男 ☐女 職業：__________

信仰：☐基督徒 ☐非基督徒

年齡：☐ 16 歲或以下 ☐ 17～25 歲 ☐ 26～35 歲 ☐ 36～55 歲 ☐ 56 歲或以上

學歷：☐中三或以下 ☐中五 ☐預科 ☐大學 ☐研究院

☐我欲更多了解基道出版社的事工及考慮支持，請寄給我下列資料：

☐機構簡介 ☐新書資料 ☐「書中行」書會資料

☐《基道文字事工通訊》

姓名：__________ 電話：__________

地址：__________

傳真：__________ 電子郵件：__________

其他意見：__________

多謝賜教！

意見表可以傳真（2687-0281）或直接郵寄以下地址：
香港沙田火炭坳背灣街26號富騰工業中心1011室
基道出版社編輯部收